오늘처럼 내가 싫었던 날은 없다

KI신서 7704

오늘처럼 내가 싫었던 날은 없다

1판 1쇄 발행 2018년 9월 7일
1판 9쇄 발행 2023년 2월 17일

지은이 글배우
펴낸이 김영곤
펴낸곳 ㈜북이십일 21세기북스

출판마케팅영업본부 본부장 민안기
출판영업팀 최명열 김다운
제작팀 이영민 권경민

출판등록 2000년 5월 6일 제406-2003-061호
주소 (10881) 경기도 파주시 회동길 201(문발동)
대표전화 031-955-2100 **팩스** 031-955-2151 **이메일** book21@book21.co.kr

㈜북이십일 경계를 허무는 콘텐츠 리더

21세기북스 채널에서 도서 정보와 다양한 영상자료, 이벤트를 만나세요!
페이스북 facebook.com/jiinpill21   **포스트** post.naver.com/21c_editors
인스타그램 instagram.com/jiinpill21   **홈페이지** www.book21.com
유튜브 www.youtube.com/book21pub

서울대 가지 않아도 들을 수 있는 **명강의!** 〈서가명강〉
유튜브, 네이버, 팟캐스트에서 '서가명강'을 검색해보세요!

오늘처럼 내가 싫었던 날은 없다

무너진 자존감을 일으켜줄 글배우의 마음 수업

글배우 지음

21세기북스

세상에 하나뿐인 고민상담소

저는 인문학자도 철학자도 심리학자도 아닙니다.
'글배우 서재'라는 고민상담소를 운영하고 있습니다.

처음에는 공원에서
작은 천막에서 시작되었습니다.
천막을 치고 누군가 고민을 가져오면
고민을 듣고 고민에 대한 이야기를 나누었습니다.

직업 나이 성별 상관없이
정말 다양한 분들이 한 분 한 분 찾아주셨고
3년간 5천 명 정도의 사람을 만나게 되었습니다.

이 책은 그 시간을 토대로,
각자가 마주한 고민의 상황이
나아질 수 있는 구체적인 방법을 적었습니다.

자존감이 낮은 사람에게
'나를 조금 더 사랑해야 한다'라는
막연한 말은 담지 않기 위해 노력했습니다.

왜냐면 우리는
나를 사랑해야 한다는 걸 몰라서 고민인 게 아니라
나를 어떻게 사랑해야 할지 몰라서 고민이니까요.

행복해야 한다는 걸 몰라서 고민인 게 아니라
어떻게 해야 행복할지 몰라서 고민이니까요.

모두에게 좋은 사람이 될 수 없다는 걸 몰라서 고민인 게 아니라
다른 사람에게 미움을 받는 게 두렵고 싫어서 고민이니까요.

이 글을 읽으면서 당신의 고민이 정리되고
어떻게 나아가야 할지 방향을 찾을 수 있기를 바랍니다.

또, 이 책이 당신의 고민하는 마음을 알아주는
친구가 되길 바랍니다.

◇◇◇◇◇◇

상담소의 첫 번째 손님은
20대 초반의 친구였습니다.

엄마의 손을 잡고 온 그 친구는
몇 번의 자살 기도를 했다고 했습니다.

그 친구에게
이제부터 행복해야 한다고 말했습니다.

그리고 지금부터
도덕에 어긋나지 않는 선에서 스스로를 책임질 수 있는 선에서
자유롭게 네가 행복한 방향대로 살면 된다고 말했습니다.

처음에 그 친구는 현실의 문제를 말했습니다.
하고 싶은 걸 하기에는 돈이 없거나 시간이 부족하다고.

"그 현실의 문제는 당장 바꿀 수 없는 것들인 거야.
우선은 현실에서 네가 할 수 있는 것부터
네가 하고 싶은 걸 선택하면서 살아봐.

웃고 싶지 않으면 웃지 말고
눈물이 나면 좀 나는 대로 울어봐.
무언가를 갖고 싶어 아르바이트를 하고 싶으면 해보고
돈을 벌면 먹고 싶은 게 있으면 먹어보고 아르바이트를 하다
너무 힘들어 쉬고 싶으면 그만두고 쉬어봐.
하루 종일 책을 읽고 싶으면 책을 읽어보고

누구를 미워하고 싶다면 하루 종일 미워도 해봐.

그러다

졸리면 낮잠도 자다가 돈이 떨어지면

다시 일을 구해서 해봐.

일을 하다가 안정적인 일을 하고 싶으면 공부를 해서

작아도 좋으니 안정적인 회사를 가보고.

그렇게 현실에서 할 수 있는 것부터 네가 행복한 것들로 채워봐.

과거의 네가 어떤 사람이었든

미래의 너와 지금의 너는 그동안 느끼지 못했던

행복하다 느껴지는 순간들을 삶에서 만나게 될 거야.

인생은 그렇게 살면 되는 거야.

지금 여기서부터

네가 행복한 걸 선택해보는 거야."

2년이 지났고,
그 친구는 지금 외국에서 요리를 전공하고 있습니다.

마지막으로 본 건 5개월 전입니다.

그 친구가 이렇게 말하더군요.

"제가 행복하지 않은 이유를 알았어요.
제 삶에 작은 것조차
제가 좋아하는 게 하나도 없었거든요.

이제는 알았어요.
내 인생의 행복은
남들이 말하는 '무엇'이 아니라
내가 좋아하는 '무엇'으로 채워나갈 때
얻을 수 있다는 걸.

삶이 어두운 암흑이고 지옥이라 생각했는데
삶이 즐거울 수도 있다는 걸
그리고 그렇게 살아도 된다고
말해줘서 고마워요."

내 인생은 내 것이라고.

우리는 삶에서 많은 정답을 찾으려고 합니다.
얼마나 배려해야 하는지
얼마나 참아야 하는지
무엇을 해야 하는지
관계를 이어나가야 하는지

정답은 멀리 있지 않을지도 모릅니다.
삶이 너무 많은 질문으로, 머리가 아플 땐
내가 나에게 한 번도 묻지 않았던
가장 중요한 하나의 질문을 할 수 있었으면 좋겠습니다.

그렇게 하면
내가 행복한가?

오늘은 멀리서 상담 손님이 오신다고 합니다.
어떤 고민을 가져오실까요.

어떤 고민도 멈춘 채 계속 있지 않고
지나갈 테니 너무 걱정하지 마세요.

당신의 고민이
걱정이
잘 지나갈 수 있기를

응원합니다.

2018년 9월 서재에서
글배우

PART 1

내가 왜 이렇게 미울까

자존감을 무너뜨리는 감정에 지지 않는 방법

PART 2

나는 왜 맨날 상처받는 걸까

내가 행복해지는 인간관계를 만드는 방법

PART 3

왜 아무도 내 마음을 몰라주는 걸까

사랑하는 사람과 좋은 관계를 유지하는 방법

PART 4

내가 너무 예민하고 생각이 많은 걸까

부정적인 생각 줄이는 방법

PART 5

어떻게 해야 나답게 살 수 있을까

인생에서 나만의 기준을 만드는 방법

내가 가장 싫었던 날은
사실 내가 가장 잘하고 싶었던 날입니다.
마음처럼 잘 안돼 내가 싫은 것입니다.

미워하지 마세요.
오늘 누구보다 가장 잘하고 싶었던 마음이 담긴
나의 날을.

PART 1

내가 왜 이렇게 미울까

자존감을 무너뜨리는 감정에 지지 않는 방법

나의 자존감 높이는
어느 정도일까

자존감은 나와 나와의 관계입니다.

나에게 '연인'이 있다고 한번 생각해보세요.
나는 이 연인을 굉장히 사랑하고 좋아합니다.
그런데 어떤 사람이 나타나 연인을 안 좋게 평가하고
자신이 느낀 단점을 말합니다.

그럼 나는 그 말을 깊게 믿고 연인을 미워할까요?
아니면 틀린 말이라 생각해 흘려버리고
오히려 그 말을 들은 '연인'이 상처받지 않을까 다독여줄까요?

당연히 '연인'을 다독여주고
그런 말들을 믿지 않고 쉽게 흘려버리겠죠.

이번의 '연인'은 마지못해 함께해야 하는 사람입니다.
나는 이 연인이 싫고 못마땅해요.
그런데 어떤 사람이 오더니 연인의 단점을 말합니다.
그럼 나는 그 말이 크게 들릴까요? 아니면 쉽게 흘려버릴까요?

크게 들리겠죠.
이제 연인을 더 미워하고 사람들 틈에서 감추려 할 거예요.
그리고 사람들이 보기에 가장 좋은 것들만 보이려고 할 것입니다.

그게 계속되면 점점 지쳐가겠죠.
그러다 누군가 내가 애쓰는 걸 알아주는 것 같으면
금세 기분이 좋아졌다가
조금만 몰라주는 것 같으면 금세 기분이 안 좋아질 거예요.
감정 기복이 심해지는 거죠.

그리고 감정 기복의 높고 낮음 사이에 공허함이 찾아옵니다.
주위에 사람은 많은데 외로워져요.

자, 이제 여기에 '연인'을 빼고 '나'를 대입해보세요.
내 자존감의 높이를 알 수 있습니다.

자존감은 나와 나와의 관계입니다.

나와의 관계가 좋아 자존감이 높으면, 전자처럼 행동해요.
다른 사람이 뭘 말해도 쉽게 흘려보내고
내가 나를 있는 그대로 보여주려고 하기 때문에
다른 사람에게 어떻게 보일지 크게 고민하지 않아요.

안 좋은 얘기를 주변에서 들을 때도 있겠지만 쉽게 흘려보내요.
물론 좋게 보이고 싶은 마음은 있겠지만

그게 나를 사랑하는 조건이 되지 않는다는 거죠.
이미 나는 그 조건이 없어도 내가 나를 좋아하기 때문에.

이에 반해 후자는 자존감이 낮은 경우입니다.
다른 사람이 나에 대해 무엇을 말해도
크게 들리고, 크게 받아들이고
문제가 생기면 내가 나부터 미워합니다.
또 나의 진짜 감정을 감추고 가짜 감정으로 사람을 대합니다.
인간관계가 너무 어렵고, 지치고 힘들어집니다.

진짜 나는 감추는 대신
사람들이 가장 좋아할 만한 모습을 매일 신경 쓰고
그렇게 보여야 한다는 생각에 힘듭니다.

당신은 지금 어떤 모습인가요?
당신은 자존감이 높은 사람인가요?
아니면 낮은 사람인가요?

어떤 모습이어도 괜찮습니다.

어제의 모습은
어제의 모습일 뿐

오늘의 모습은
내가 오늘 새롭게 정할 수 있습니다.

자존감이 낮아지는
진짜 이유

자존감의 낮아짐은
내가 나를 부정하는 것에서부터 시작합니다.

잘하지 못한 경험이나 부족한 점은 누구에게나 있습니다.
그러나 자존감이 낮으면
잘못이나 부족한 점으로 스스로를 부정합니다.

나는 이랬으니까 별로인 사람이야.
나는 왜 이렇게 못 할까?
나는 너무 늦었어, 나라는 사람은 되는 일이 없어 등등

자신을 끊임없이 부정하기에
처음에는 열정을 갖고 시작했던 사랑, 인간관계, 꿈, 직장
작은 것에도 스스로 크게 무너집니다.

문제가 생기면 모두 자신의 잘못으로 생각하고
자신을 타인에 맞춰 계속 바꾸려고만 합니다.
상대의 작은 말에도 쉽게 흔들리고
계속 고민하느라 지쳐
점점 사람들을 만나기 버거워집니다.

자존감을 높이는 방법은 뒤에서 더 자세히 말하겠지만

우선 잊지 말아야 할 건
내가 나를 인정하는 것입니다.

내가 대단하고 모든 게 완벽해
인정하는 것이 아니라 그냥 나이기에,
내 모습 그대로를 인정하는 것입니다.

그걸 알면서도 스스로를 인정하기 어려운 건
누구나 잘 살고 싶은 마음이 크고
내가 바라는 모습과 지금의 모습이 다르기 때문입니다.

하지만 이렇게 나를 부정하고 싫어만 해서는
내가 바라는 내 모습을 만들어갈 수 없습니다.
나에 대한 불신과
똑같은 상황을 마주하는 것에 두려움만 생깁니다.

지금의 내 모습에서
바라는 모습으로 만들어가는 방법은

문제가 있는, 부족한 점이 있는 '나'를 인정하고

원하는 모습으로
조금씩 그 문제를 수정해나간다면
조금씩 노력해 바꿔나간다면

내가 나를 부정하지 않기에 자존감을 지키며
나의 실수를 수정해나가고 바라는 모습으로
나를 만들어나갈 수 있습니다.

이렇게 '부정'을 '인정'과 '수정'으로 바꾸는
마음가짐만 가져도
나를 미워하거나 과거를 계속 후회하면서
시간을 낭비하지 않게 됩니다.

과거를, 그리고 나를 더 이상 부정하지 말고
그냥 그대로 인정하세요.

그리고 거기서부터 바꿔나가면 됩니다.

그렇게 시간이 지난다면

나는 항상 잘하지는 못해도

원하지 않는 모습을 원하는 모습으로

조금씩 바꿔낸 사람이 되어 있을 것입니다.

그 누구도 항상 잘할 수는 없습니다.

내가 내 편일 때

나는 가장 강력한 힘을 낼 수 있습니다.

남의 시선을 의식해
힘들어하는 나

타인이 나를 어떻게 생각하는 건
타인의 자유입니다.
내가 신경 쓸 일이 아닙니다.

나는 내가 하고 싶은 것
내가 있고 싶은 모습으로 살아가면 됩니다.

매일 타인의 시선을 걱정하고
타인의 시선만을 생각하며

살아간다면

그건 내 인생이 아닙니다.

타인이 바라는 인생입니다.

우리는 각자의 인생이 있습니다.

각자의 소중한 삶이 있지요.

각자의 인생이기에 각자가 자유롭게

살아가면 됩니다. 남에게 피해를 끼치지 않는다면.

그러다 보면 나를 미워하는 사람도 있고

좋아하는 사람도 있는 것입니다.

하지만 알면서도 쉽지 않은 건

사람은 인정 욕구가 있기 때문입니다.

인정을 많이 받을수록 잘 산다고 생각이 드는 것은

누구에게나 있습니다.

그러나 문제는
누구는 인정 욕구가 있지만 인정받지 못한 순간에
별로 신경 쓰지 않거나 힘들어하지 않고
누구는 인정 욕구로 매일 다른 사람의 말과 표정,
나에 대한 태도를 생각하느라 나의 시간을
온전히 갖지 못하고 힘들어합니다.

이것은 자기애가 있고 없고의 차이입니다.

자기애가 있는 사람은
최선을 다했는데도 인정받지 못했을 때
스스로를 탓하기보다는
그 사람이 나의 가치나 진가를
알아보지 못했다 생각하며
자신의 가치를 최대한 낮추지 않습니다.

그러나 자기애가 없으면
인정받지 못했을 때 무조건 자신을 탓하거나
자신이 제일 부족한 사람이라 생각합니다.

자기애를 갖는다는 건
자신이 항상 잘할 수 있다고
믿으라는 것이 아닙니다.

자신이 잘하지 못했을 때
사실은 누구보다 잘하고 싶은
마음이 있었다는 걸 기억해주는 것입니다.

모든 게 다 내 탓이라고
생각이 든다면

자존감이 낮으면 힘든 이유는
어떤 문제가 생겼을 때 모두 자신에게서만
그 문제를 찾기 때문입니다.

자존감이 낮으면
모든 문제를 자신에게서만 찾습니다.
상대의 탓도 있을 텐데
누군가를 미워하다가도 결국
자신에게서만 탓을 찾습니다.

그래서 늘 그 문제가 자신 때문이라 생각하여
현재에 집중하지 못하고 과거에 많이 집착하고
과거에 대한 후회와 미련으로 현재를 힘들어합니다.

사람이 누군가를 미워하면 마음이 굉장히 힘듭니다.
그런데 그 미워하는 대상이 나라면
몇 배로 마음이 힘듭니다.

그런데 더 힘든 건 이게 순간적으로 끝나는 게 아니라
지속적이라는 것입니다.

그래서 문제가 생길까봐 두려워합니다.
또 자신이 자신의 문제를 찾는 것이 너무 힘들어서

그래서 문제를 만들지 않기 위해
최대한 참고 주위 사람을 잘 맞춰줍니다.

그래도 문제가 생깁니다.
왜 그럴까요. 내가 아무리 잘하려고 해도
문제가 생길 수밖에 없는 이유는?

두 가지 이유입니다.

첫째,
그건 나 혼자 잘한다고 되는 게 아니기 때문입니다.

둘째,
아무리 잘하려고 해도 항상 잘할 수는 없기 때문입니다.
나도 사람이기에
잘하지 못할 때도 있습니다.

그럼 이 두 가지를 어떻게 해결할까요?

내가 아무리 잘하려고 해도
나도 사람이기에 잘할 수 없을 때도 있고
내가 아무리 잘해도 상대로 인해
문제가 생길 수 있다는 걸 인정하는 것입니다.

그럼 나 혼자 하루 종일 나만의 문제 찾기,
과거의 상황을 계속 생각하는 시뮬레이션
이렇게 할 걸 이렇게 하면 달라졌을까 등등
모든 책임을 나에게 전가해
힘들어하는 크기와 시간을 줄일 수 있습니다.

열 번을 잘해놓고선

한두 번의 작은 실수에

스스로를 너무 자책하며

이 시간을 힘들어하지 않기를 바랍니다.

나를 사랑해야 되는 건 알지만
어떻게 사랑해야 될지 모를 때

자존감을 높이는 방법은
당연히 나를 사랑하는 것입니다.

그걸 모르는 사람은 없습니다.
그러나 우리가 고민하는 이유는

내가 나를 사랑해야 한다는 걸 알지만
나를 사랑하는 방법을 모르기 때문입니다.

어떻게 하면 내가 나를 사랑할 수 있을까요?
우선 내가 나를 알아야 합니다.

나는 어떤 마음이고 무엇이 힘들고
무엇을 얻고 싶고 무엇을 좋아하는지.

내가 나를 잘 모르면 나는 나를 사랑할 수 없습니다.
잘 모르는 대상을 사랑할 수 있나요?

나를 사랑해야 하는 건 아는데 그 말이 막연하게 들렸던 건
내가 나를 잘 모르기 때문입니다.

자존감은 나와 나와의 관계입니다.
잘 모르는 사람과 관계가 좋을 순 없습니다.

그래서 막연히 '나는 예쁜 사람이다' 이런 말로
나의 자존이 올라가지 않습니다.

잘 모르는 사람에게 너는 예쁜 사람이라고
말해도 관계가 좋아지는 게 아닌 것처럼.

그래서 나를 사랑하기 위해서는
나를 알기 위해서는

내가 나에 대해서 많은 질문을 하고
내게 새로운 무언가를 만나볼 기회를
많이 주어야 합니다.

많은 걸 만날 때
내가 어떤 반응을 하고, 어떤 마음이 생기는지
무엇이 싫고 좋은지, 나를 알게 되는 것입니다.
가만히 생각하는 것만으로는 알 수 없습니다.

나를 안다는 건

어떤 음식을 좋아하고 피곤할 때 낮잠 좋아하고 이런 게 아닙니다.

물론 이런 것도 될 수 있습니다.

그러나 만약 내가 해도 되고 안 해도 되는 것이면

크게 내 자존에 영향을 미치지 않습니다.

더 구체적으로 설명 드리면

내 삶의 시간을 모아 만나고 싶고

내가 시간을 쏟고 싶은 대상이 있는가를

아는 것이 중요합니다.

그게 사람이든

일이든

취미든

무엇이든

물론 하나가 아니고 여러 개라면

나를 더 잘 안다고 할 수 있겠죠.

이렇게 나에 대해 알면

무엇을 좋아하는지 무엇을 싫어하는지

어떨 때 힘든지 무엇을 하고 싶은지 잘 알기에

그것을 해줄 수가 있습니다.

그것이 진정한 힐링이고 치유입니다.

저는 주택을 개조하여 상담소를 운영하고 있습니다.

집이 주택이라 비가 많이 오거나 눈이 오면

잦은 고장이 있는데

처음에는 아무것도 해줄 수가 없었습니다.

왜냐면 집을 잘 몰랐거든요.

근데 이제 1년 정도 지나니 어느 정도 압니다.

어디가 왜 소리 나는지 무엇이 필요한지.

이런 소리이거나 이런 문제일 때는
어떻게 해야 되고 어디를 어떻게 해야 되고
그렇게 집이 필요로 하는 걸 알고 해주는 것이
진정한 치유입니다.

내 삶이 치유되지 않고 계속 상처뿐이라면
내가 필요로 하는 걸 너무 오래 참아서입니다.

내가 나를 아는 만큼
나에게 맞게 삶의 문제나 힘든 순간이 생겼을 때
고쳐나갈 수 있습니다.

그리고 무엇을 좋아하는지 알면
무엇을 하고 싶다는 희망과 의욕이 생깁니다.

내가 지금 희망과 의욕이 없다면
그것 또한 내가 나를 잘 모르기 때문입니다.

그리고 내가 나를 잘 알게 될 때
나에 대한 믿음도 생길 것입니다.

우리가 인간관계에서 다른 사람을 믿으려면
그 사람을 잘 알아야 하는 것처럼
나도 나를 잘 아는 것만큼 나에 대한
믿음이 생길 것입니다.

그러니 지금은
나를 사랑하고 싶다면
나에게 나를 알아갈 시간과 노력을
주어야 할 때입니다.

그것이 진정한 자기애이고
나에게 맞게 나를 사랑하는 가장 좋은 방법입니다.

나는 항상 잘할 수 없습니다.
아무리 사람들이 나에게 강해 보인다고 말해도
속은 아프고 힘들잖아요.

때로는 나를 알아가는 시간 속에서
아프면 아파도 하고
지치면 지쳐 하기도 하면 좋겠습니다.

표현하면
내면의 힘듦이 밖으로 덜어질 거예요.

그럼 또
내일을 살아갈 힘이 생길 거라 믿습니다.

내가 아무 쓸모없다고
생각이 될 때

아이와 엄마가 함께 있을 때
엄마는 아이보다 10배 이상의 큰 위로를 받는다고 합니다.

무엇으로 위로를 받을까요?
아이는 엄마에게 아무것도 해줄 수 없는데.

그냥 거기에 있어준 것.

그냥 거기에
있어주는 것만으로도
아이는 엄마에게 많은 위로를 준다고 합니다.

아이가 넘어지고 일어서기를 반복하는 걸 바라보면서
아이가 성장하는 걸 바라보면서.

나는 이미 누군가에게
존재만으로
위로를 주고 있는 사람입니다.

아무 쓸모없다고 생각되는 날,
나는 여기에 존재하는 것만으로도
위로를 주는 사람입니다.

나는 완벽하지 않지만
나의 소중함은 이미 완성되어 있습니다.

내성적인 걸 굳이 바꿀
필요는 없다

내성적인 사람은

혼자 생각하길 좋아하고 하나의 상황을 깊게 보고

자신의 생각을 정리하길 좋아하며

정리한 내용의 좋은 것들을 가까운 사람과 나누길 좋아하며

나를 편하게 해준 사람에게

몇 배로 무언가를 주고 싶어 하고

나를 편하게 해준 사람에게 고마움을 자주 느낍니다.

왜냐면 내성적인 사람은 새로운 사람에게

쉽게 편해지지 못하기 때문에

이미 편한 사람 그리고 편해지고 있는 사람을

소중하게 생각하며 그들의 마음을 더 챙기기 위해
신경 쓰고 배려합니다.

내성적인 걸 굳이 바꿀 필요 없습니다.
외향적이지 못해 고민이어도
내성적인 사람도 가까운 사람과 있으면
외향적으로 변하기도 합니다.

진짜 문제는 자신이 내성적이라고
자신을 미워하며 자신감이 없는 것에 있습니다.

입지 말아야 될 옷을 입은 사람처럼
위축되는 사람도 있습니다.

내성적인 건 단지 성향이지 문제가 아닙니다.

다만 문제로 보이는 건 자꾸 스스로 당신의
반대되는 사람의 성향과 비교하기 때문입니다.
그들도 그들의 문제와 장점이 있습니다.

중요한 건 이겁니다.

내 성향이 무엇이냐가 아니라
내 성향이 무엇이든 내가 나를 남들과 비교하지 않아야
나를 인정하고 존중할 수 있다는 것입니다.

남들과 비교하지 말고
그 시간에 나의 성향, 내가 가진 장점을
더 찾아보세요.

그것이 당신의 성향으로,
당신이 행복하게 살아갈 방법을 찾게 해줄 것입니다.

삶에 의지가 없고
권태가 찾아올 때

삶에 의지가 없고 권태가 찾아온 이유는
두 가지입니다.

첫째, 하루의 시간을 매일 같은 걸 반복해서입니다.

둘째, 하기 싫은 것만을 꾹 참고 매일 해서 그렇습니다.

두 가지 상황이라면 스스로 나아질 수 있는 방법은
그동안 하고 싶었는데 참았던 것 아니면
새로운 것을 해보는 것입니다.

여기서 중요한 건
한 번에 좋아지지는 않습니다.

권태는 같은 걸 반복, 하기 싫은 걸 반복해서 온 것이기에
당장 권태가 사라지지 않아도
반복적으로 해보고 싶었던 것이나 새로운 것을 해보는 것입니다.

그래도 달라지지 않는다면
당신은 지금 권태가 온 게 아니라
삶이 지쳐서 체력이 떨어져 휴식이 필요한 것입니다.

휴식이 필요한 경우에는
새로운 것 해보고 싶었던 것을 한다고 나아지지 않습니다.

그럴 때는 아무것도 하지 않고 쉬는 게 가장 좋습니다.
그럼 언제까지 쉬냐고 묻는다면
다시 하고 싶은 의지가 생길 때까지 쉬면 됩니다.

쉴 시간이 없다고 말한다면
이 문제를 조급하게 한 번에 해결하려는 마음 때문입니다.

쉼을 한 번에 길게 가지지 못하면 나누어서
삶의 시간을 가지고 쉬는 것도 좋은 방법입니다.

쉬고 난 후에도
의지가 돌아오지 않을까 걱정이라면

그 걱정은 내가 미래를 걱정하는 습관 때문에
쉬지도 못하고
계속 걱정만 하고 있는 것입니다.

사람은 항상 한 가지 모습으로
살아갈 수 없습니다.

힘든 시간이 있다면

쉬고 싶고

쉬다 보면

다시 무언가를 시작하고 싶은 것은 자연스러운 것이니

너무 걱정하지 말고 쉬세요.

자꾸 부정적인 사람이
되어가는 것 같다면

만약 당신이 밤하늘에 별이 많은 예쁜 곳을 보고 있습니다.

그럼 어떤 마음이 들까요.

편안하고 좋은 마음이 들 것입니다.

그렇습니다.

당신이 부정적인 마음이 자꾸 드는 건

당신이 부정적인 사람이 되었다는 것이 아니라

당신이 삶에서 매일 바라보고 있는 것들이

당신을 힘들게 하는 것들이어서 그렇습니다.

내가 부정적인 사람으로 변한 게 아니라
내가 바라보며 살고 있는 것들이
내 마음에 들지 않는 것들이어서 그렇습니다.

어디를 바라보고 있느냐가 마음을 정합니다.

좋아하는 장소를 바라보면 마음은 긍정적으로 물들고
싫은 장소를 계속 바라보면 부정적인 마음이 계속 듭니다.

내 문제가 아닙니다.
내가 바라보고 있는 것이 내 마음에 들지 않아서입니다.

그렇다면
'모든 걸 다 그만두고 내가 좋아하는 걸 바라봐야 하는가'
라고 하면 그럴 순 없습니다.
내가 좋아하는 것만 보며 살아갈 수 없는 것이 인생입니다.

그럼 어떻게 해야 될까요.

지금 바라보고 있는 내가 싫어하는 환경을
이제부터 최대한 내가 좋아할 수 있게끔 바꿔나가는 것입니다.

물론 그럴 마음이 없다면 그 환경을 그만두는 것이 좋습니다.
그렇지 않으면 당신의 마음은 늘 부정적일 것입니다.

어떤 시도든 좋습니다.
내가 싫어하고 매일 봐야 하는 그 환경을 매일 봐야 한다면
더 이상 부정적인 마음이 들지 않게
최대한 내가 바라는 상황에 맞게
나도 맞춰나가고 바꿔나가세요.

완벽히 마주한 문제를 해결하라는 것이 아니라
지금보다 더 나은 정도로 환경을 바꿔나가는 것입니다.
그 정도로 충분합니다.

왜냐하면 그 싫은 상황은

가만히 두어도 영원할 것이 아니라

시간이 지나 저절로 변하거나 사라질 것이기에.

버티기만 해도
이기는 것이다

항상 참아야 하는 직업을 가졌다면
늘 마음을 참고 참아
주위 사람들에겐 작은 일에 자주 짜증을 내게 되고
후회를 반복하며 스스로 괴로워할 것입니다.

마음의 여유가 없어
혼자 있는 시간에 지난 안 좋은 기억을 생각하느라
우울하고 힘듭니다.

'내일이 오지 않았으면 좋겠다'라고
자주 생각하게 됩니다.

어떻게 해야 잃어버린 행복을
찾을 수 있을까요.

우선 그만두는 게 다니는 것보다 행복할 것 같다면
그만두면 됩니다.

그러나 경제적 문제 때문에
안 다니는 것보다는 다니는 게 조금 더 행복할 것 같다면

첫째,
그 날의 상처로 상처를 받았다면
스스로 상처를 또 생각하며
상처를 더 키우는 것을 멈춰야 합니다.

상처를 더 큰 상처로 만드는 건
나의 반복적인 생각입니다.
생각을 멈춰보세요.

둘째,

무례하게 구는 사람들이 일차적 문제이긴 하지만

당신이 그 시스템을 바꿀 수 없다면

당신이 있는 곳은 당신의 월급에 그 감정노동이

포함되어 있는 것입니다.

어른이기에 그리고 자신의 생계를 책임져야 하기에

당신이 선택한 곳입니다.

무조건 힘들다는

개인적인 생각과 감정을 이입시키지 말고

내가 선택한 일로서 받아들여보세요.

돈을 받으면 누구나 프로입니다.

셋째,

우리의 삶은 단 한 번 사는 인생입니다.

정말 소중한 내가,

나의 일을 가치 있게 생각해야 합니다.

그건 직장을 위해서가 아니라
그 일을 하는 나를 위해서입니다.

내가 내 일을 가치 없게 바라보면
그 일을 하는 나도 가치 없는 사람이 되고
일을 해도 그냥 하루 버티자는 식으로
겨우 겨우 살아가게 됩니다.

예를 들어
회사에서 누구는 청소를 해도 이렇게 합니다.
'아 이걸 왜 해, 너무 힘들어, 지겨워, 하기 싫어'
그럼 청소를 하면서도 짜증만 가득해집니다.

그 일은 당신이 그 회사를 다니기에 해야 되는 일입니다.
하기 싫다는 개인적인 감정으로
그 일을 가치 없게 만들면 안 됩니다.
그럼 당신도 가치 없는 사람이 됩니다.

생각을 바꿔보세요.

작은 예이지만 청소를 해도

내가 이 청소를 함으로써

주위의 사람들이 받게 되는 도움,

그리고 청소를 통한 나의 주변 환기,

내가 다니는 직장에서 모두를 위해 하는 일 등등

이렇게 똑같은 일을 해도 일에

큰 의미를 부여해보세요.

그동안 불평만 가득했다면

이것이 나의 삶을 조금 편안한 마음으로

인내하게 해줄 것입니다.

그리고 지금의 상황은

영원하지 않을 거라는 걸 기억하세요.

고객이 힘들다면

이 고객이 영원히 있지는 않을 거고

상사가 힘들게 한다면

이 상사와 영원히 일하지는 않을 것입니다.

동료 때문에 힘들다면

이 동료가 영원히 있지는 않을 것입니다.

잠시뿐입니다.

그리고 당신이 버티기로 생각했다면

마음을 조금이라도 긍정적으로 갖는 것이

당신에게 하루를 버티는 큰 힘이 되어줄 것입니다.

너무 힘들 때에는

상황을 해결하려 하지 말고

그냥 버티기만 하세요.

버티기만 해도 이기는 것입니다.

어떻게 살아야
나중에 잘 살았다 할 수 있을까

만약에 앞으로 남은 인생에서
1박 2일 동안 자유로운 시간이 주어진다면
무엇을 하고 싶으세요?

— 바다를 보면서 걷고 싶어요.

누구랑 가고 싶어요?

— 엄마랑요.

가서 뭘 하고 싶어요?

— 바다도 보고 고기를 구워 먹고 싶어요.

그리고 어떤 생각을 가장 많이 하고 싶어요?

— 행복하다 즐겁다 아니면 그냥 별 생각 안 하고 싶어요.

그리고 무슨 말을 가장 많이 하고 싶어요?

— 행복하다 즐겁다는 말이요.

그리고 그 1박 2일이 끝났어요. 어떨 것 같아요?

— 행복할 것 같아요.

또요?

— 아쉽겠죠… 좋았으니 또 가고 싶을 것 같아요.

또요?

— 음 더할 나위 없었다. 잘 다녀왔다.

그렇군요. 제가 아는 신부님이 있는데
죽기 직전에 사람들에게 기도를 해주시는 분이에요.
죽기 직전에 사람들에게 꼭 물어보신대요.

'인생이 어땠나요?'

그럼 80프로가 이렇게 말씀하신대요.
뭐라고 말할 것 같아요?

— 음 후회된다?

물론 그 말도 틀리지 않았는데
80프로가 이 말을 한대요.

인생이, 인생이 너무 짧았습니다.
인생이 너무 짧았습니다.
인생이 너무 짧습니다.

인생이 아주 짧은 1박 2일 같았습니다.

앞으로 남은 인생을 저는 이렇게 사셨으면 좋겠어요.

내가 가장 좋아하는 것을 해보세요.
내가 가장 좋아하는 모습으로 있어보세요.
내가 가장 하고 싶은 걸 해보세요.
내가 먹고 싶은 걸 먹어보세요.
내가 가장 하고 싶은 말을 해보세요.

그리고 그렇게 산 후에
나중에 죽겠죠.

그리고 누군가 와서 이렇게 말할 거예요.

'인생이 어땠나요?'

그럼 그때 그렇게 사신 후에
이렇게 말할 수 있었으면 좋겠어요.

인생이 너무 짧았습니다. 1박 2일처럼.

그런데 저는
행복했습니다.
좋았고 아쉽고 또 가고 싶습니다.

더할 나위 없었다 잘 다녀왔다 말할 수 있을 거예요.

PART 2

나는 왜 맨날 상처받는 걸까

내가 행복해지는 인간관계를 만드는 방법

친했던 사람이 갑자기
미워질 때

사람이 미울 때가 있습니다.

신기하게도 그동안 나에게 얼마나 잘해주었든
함께 어떤 시간을 보냈든
얼마나 많은 시간을 추억할 수 있느냐와 별개로
한순간에 사람이 미워질 때가 있습니다.

미움이란 감정은 참 무섭습니다.
웬만해서는 다시 좋은 감정으로 돌아가기 어렵거든요.

그래서 계속 미워하게 됩니다.

혼자 있을 때도
함께 있을 때도.

그리고 피하게 되고.

관계가 완전히 끝난 후에야
혹은 완전히 멀어진 뒤에야

'내가 그렇게까지 하지 않았으면 좋았을 걸'
'그 사람이라면 그럴 수도 있지 않았을까' 하며
상대방을 이해하기 시작합니다.
돌아볼수록 찜찜하고 후회됩니다.

그럼 마음이 불편합니다.

물론 그렇지 않은 사람도 있습니다.
상대가 도저히 대화가 되지 않는 상대라

피하고 안 보고 나니 시간이 지나도
피하길 너무 잘했다는 생각이 드는 사람도 있습니다.

그럼 마음이 편합니다.

그러니 누군가를 미워할 때
이렇게 한 번쯤은 생각해봐야 합니다.

내가 이 사람과 아예 안 본다고 하면
나는 마음이 정말 편할까?

그게 아니라고 한다면 당신은
미운 감정 뒤에 사실은
아직 그 사람과 노력해나갈
마음이 남아 있다는 것입니다.

그러니 지금 감정에만 치우쳐
오랫동안 함께 많은 시간을 쌓아온
소중한 사람을 잃지 않기를 바랍니다.

사람과 사람 관계에서 서운한 게 없을 수 없습니다.
'내가 서운한 게 있다면 상대도 분명 있을 것이다'
그렇게 생각해야 합니다.
나는 완벽한 사람인가? 묻는다면
그렇지 않기 때문입니다.

그러니 나를 이해해줄
나에게 절대 서운함을 주지 않을
사람을 나에게 좋은 사람이라
착각하면 안 됩니다.

그럼 나는 사람을 사귈 수 없습니다.

살아가는 많은 날들에

당신이 당신을

스스로 외롭게 만들지 않기를 바랍니다.

배려해주었는데 오히려
관계가 멀어졌다면

배려란
내가 잘해주었다 생각하는 게 배려가 아닙니다.
상대가 원하는 걸, 상대의 마음을
편하게 해주는 것이 배려입니다.

나는 배려한다고 생각하지만
상대는 내가 노력하는 걸 모르겠다고 할 때

나는 이렇게 너를 위해 노력했는데
상대가 너는 너만 생각하는 사람이라고 할 때

배려한 사람은 억울해지고
배려받은 사람은 받은 적이 없다고 합니다.

진정한 배려란
내가 하고 싶은 걸 하는 게 아니라
상대의 마음을 편안하게 해주는 것입니다.

그렇게 하기 위해서는
상대에게 물어봐야 합니다.

너는 지금 어때?
무엇이 필요해?
내가 어떻게 하면 너한테 도움이 될까?

그리고 내가 할 수 있는 만큼을 하는 것입니다.
그래야 내가 지속할 수 있고
내가 희생한다는 생각이 들지 않습니다.

그리고 상대의 이런 노력에서
또 다른 상대방도 노력해야 합니다.

상대가 혼자 고민하지 않게
내 마음이 무엇인지 어떤지 말해주는 것
이것도 배려입니다.

배려란 상대를 고민에 빠뜨리지 않는 것
상대를 오랫동안 혼자 힘들게
생각하게 하지 않는 것
상대의 마음을 편안하게 해주는 것입니다.

그래서 우린 이런 질문과 대답이 자주 필요합니다.

누군가와 함께하기 위해.

사람 관계에서 한 사람이 한 사람을
일방적으로 맞춰주면
맞춰주는 사람은 계속 상처받고
노력하지 않은 사람은 참 이상하게
맞춰주는 사람보다 항상 더 서운함을 느낍니다.

왜냐면 자신이 대우받는 건 당연하다 생각하고
상대방의 대우는 한 번도 생각하지 않았기 때문에
조금만 마음에 들지 않아도 상대가 노력한 건 생각하지 않고
미워만 합니다.

그래서 관계에서 중요한 건 의지입니다.

상대방도 나와 같이

나를 잘 만나고 싶은 의지가 있는가.

상대방이 의지가 없다면

내가 아무리 좋은 사람

내가 아무리 좋은 말

내가 아무리 잦은 연락과

아무리 타당한 내 입장을 말해도

대화가 되지 않고 둘 다 행복한 관계를 유지하기 어렵습니다.

처음에는 상대가 밉다가

시간이 지나면

계속 스스로를 탓하게 됩니다.

나한테 이렇게 하는 사람한테

나는 왜 안절부절못하는 걸까

또는
내가 더 무언가를 했으면 달라졌을 텐데
내가 무언가를 더 못해서 이렇게 안 좋게 된 건가

이런 생각들로 힘들어합니다.

아닙니다.
어쨌든 나도 완벽할 수 없고 상대도 완벽할 수 없고
두 사람 다 문제가 있을 수밖에 없습니다.
나만 문제여서
나의 행동이 일방적으로 부족해서
나의 잘못으로
관계가 이렇게 된 것이기보다는
상대방이 의지가 없기 때문입니다.

그래서 상대방은 나만큼 고민하거나
생각하지는 않습니다.

무조건적인 노력과 끊임없는 자책은
구멍 난 항아리에 계속 물을 붓는 것과 같습니다.

관계와 우정이 쌓이는 게 아니라
관계를 쌓기 위해 쏟은 시간만
의미 없이 빠져나가고 흘러갑니다.

그래서 상대방이 의지가 있느냐를 아는 것이 중요합니다.

나를 잘 만나고 싶은 의지가 있는가.

한쪽이 의지가 없는 관계는 관계가 아니라
나아지지 않는, 반복되는 악순환입니다.

나는 잘해줬는데
상대방이 고마움을 몰라줄 때

모든 사람은 아니지만

잘해주면 고마움을 잊는 사람이 있습니다.

오히려 더 많은 것을 요구합니다.

그래서 인간관계는 어렵습니다.

고마움을 모른다고 느껴질 때는

기존에 주던 것을 주지 않아야 합니다.

주어서 내 마음이 힘들다면

차라리 안 주는 게 그 관계에서 낫습니다.

그럼 상대방은 그때서야

그것이 소중했다는 걸 뒤늦게 알게 됩니다.

미워하는 것도
내 삶의 시간을 원치 않는 데 쓰는 것입니다.

무언가를 상대에게 지속적으로 주었는데
상대가 몰라주어 속상하다면

이제는 여러 생각을 하지 말고
우선 주던 것을 멈춰보세요.

그럼 두 가지가 보입니다.

첫째,
주었을 때와 주지 않았을 때의 내 마음의 차이.
마음이 훨씬 나아질 겁니다.

그리고 둘째,
상대의 입장에서는

내가 주었을 때 자신의 시간과
주지 않았을 때의 자신의 시간이
다르다는 걸 알게 됩니다.

그리고 그때서야 소중함을 깨닫습니다.

겨울에는 여름이 그립고
여름에는 겨울이 그리운 것처럼
겨울이 주는 선물과
여름이 주는 선물을 계속 받다 보면
그 고마움을 잊은 채
어느새 다른 계절을 바라며 살게 됩니다.

많은 생각으로 힘들어하지 마시고

내가 주고 있는 것의 소중함과 그 의미를
찾을 수 있기를 바랍니다.

조심해야 되는
말

말을 조심해야 합니다.

자신이 무슨 말을 내뱉은지도 모른 채
습관처럼 다른 사람의 기분을 상하게 하거나
다른 사람을 무시하는 사람이 있습니다.

말은 중요합니다.

아무리 오랜 관계이고 호감이 가는 관계여도
지속적으로 안 좋은 단어로 표현하면 금세
무너지거나 멀어질 수 있습니다.

얼마나 아는 체하고
얼마나 타인에 대해 쉽게 말하는가

이것이 문제입니다.

우리는 아마 타인을 영원히 다 알 수도 없고
그러니 타인에 대한 말은 쉬울 수도 없습니다.

그렇기에 타인이 원해서
타인에게 조언을 할 때는 조심해야 합니다.

타인이 물은 게 아니라면 굳이
어설프게 잘 모르면서 얘기할 필요도 없습니다.

그건 누굴 위하는 길이 아니라
'내가 이만큼 알아'라고 아는 척 하는 행위입니다.

하지만 이 조심은 한 번으로 완성되는 것이 아닙니다.
지속적으로 스스로 상대방의 마음을 돌아봐야 합니다.

언어에 있어서
당신이 그 사람에게 어떤 의도였는지는
별로 중요하지 않습니다.

그 의도와 다르게
다른 언어를 사용했다면
오해한 사람이 잘못이 아니라
당신의 잘못일 것입니다.

기분이 상하거나 상처받은 사람의 잘못이 아니기에
'나는 그런 의도가 아니었는데
왜 그렇게 예민하게 받아들여?'라는 말은
절대 하면 안 되는 것입니다.

그런 의도가 아니었다면 그런 의도로 전달되지
않는 언어를 썼어야 합니다.

얼굴이 예쁘고 잘생기고
돈이 많고 부자이고 옷을 잘 입고 능력이 있고
그런 것은 사람을 아름답게
완성시킬 수 없습니다.

그런 걸로 그 사람과 영원히 함께 하고 싶다는
생각은 들지 않기 때문입니다.

이 사람과 영원히 함께 하고 싶다는

아름다운 마음이 들게 하는 건

그 사람이 내게 해주는

예쁜 말입니다.

상대방의 기분을 좋게 만드는
말과 표정

관계가 좋아지기 위해서는 외모가 중요한 게 아니라
말이나 표정이 정말 중요합니다.

생각해보세요.
나를 하루 종일 기분 좋게 하는 건
상대방의 말과 표정입니다.

아무리 외모가 뛰어나도 말과 표정이 좋지 않으면
그 사람과 대화를 나누고 싶지 않습니다.
상대방의 말과 표정으로 인해 나까지
기분이 나빠집니다.

그러나 표정이 밝고 말을 예쁘게 하는 사람이라면
나도 덩달아 기분이 좋아지고
그 사람과 많은 대화를 나누면서 또
기분이 좋아집니다.
그리고 그 사람과 더 자주 보고 싶어집니다.

물론 외적인 모습을 가꾸는 것도 좋지만
내가 가꾸어야 되는 건 외적인 것보다
훨씬 더 관계에서 중요한
말과 표정입니다.

내 말과 표정을
아름답게 가꿀 수 있는
아름다운 사람이 되길 바랍니다.

사람과 사람 사이에
거리가 필요한 이유

기대를 내려놓아야
관계를 오래 지속할 수 있습니다.

우리는 함께 살아가지만
함께 살아가기 이전에
각자 자신의 인생을 살아갑니다.

그러기에 사람과 사람 사이에는
일정 거리가 필요합니다.
개인의 시간과 생각, 생활이 존중될 수 있는 그 거리는
더욱 오래 함께하기 위해 꼭 필요합니다.

그 거리를 무너뜨리는 건
늘 기대입니다.

상대가 나와 친하니
그 거리가 없어도 된다는 생각에
상대를 내 기준에서 생각하고
틀렸다, 나쁘다 판단합니다.

내 기준에서는 상대가 틀렸겠지만
상대의 기준에서는 내가 틀렸을 수도 있습니다.

이렇게 오해가 생기고
다툼이 생깁니다.

채 풀지 못한 오해와 다툼이
쌓이고 쌓이다 보면
어느 관계든 지치고 안 좋은 감정도 쌓여갑니다.

오해와 다툼을 줄이는 방법은
거리를 두고
기대하지 않는 것입니다.

그 사람의 생각과
그 사람은
그 자체로 두세요.

모두가 하나의 생각을 가지고
공통된 모습으로 살아가는 게 아니라
각자의 모습으로 살아가면서
서로 부딪치는 부분을 맞춰나가는 게 좋습니다.

진심을 주되 거리도 줘야 합니다.
각자가 더 존중하고 행복할 수 있는 거리.

기대를 내려놓으라는 말은
마음을 내려놓으라는 말이 아니다

기대를 내려놓으라는 말은
마음을 내려놓으라는 말이 아닙니다.
그 말이 마음 전체를 내려놓으라는 말이 아닙니다.

기대란 정확히 그 사람이 나에게 무언가를
해줄 거라는 생각입니다.

작은 것이든 무엇이든
내가 바라는 것을 해줄 거라는 생각,
그 생각을 내려놓아야지
관계를 지속할 수 있습니다.

그렇지 않으면 온 신경이 그 사람에게 가 있어
그 사람도 힘들고 나도 힘듭니다.

그런 생각은 내려놓고
마음은 계속 주세요.

그 사람이 나에게 뭘 안 해주면
나도 아무것도 주기 싫다면 억지로 주지 마세요.
내 마음이 거기까지인 것입니다.

내가 바라는 걸 해주지 않아도
주고 싶다면 주세요.
내 마음이 그래야 행복합니다.

대신 이 과정 속에서 기대를 내려놓아야
나도 마음이 편하고 상대도 편합니다.

기대를 하지 말아야지 하고
갑자기 내가 주고 싶은 마음을 내려놓는 게 아닙니다.
그렇게 하면 나는 또 불행해집니다.

너무 복잡하게 생각하지 마세요.
내가 주고 싶으면 주고
주기 싫으면 주지 않으면 됩니다.

주면서 상대도 나와 똑같이 해주길
바라는 건 내 욕심입니다.

진심으로 주어야 합니다.
진심은 하나라는 뜻입니다.

내가 주는 것 하나.

그럼 계속 주어야 하는지 나만 주어야 하는지라는
생각이 들지 않게, 말이 나오지 않게
내가 받지 않아도 될 만큼만 주세요.

예를 들어 '생일 축하한다'라고 메시지를 보낼 건데 나만 보내고
상대방은 나한테 축하해주지 않아 서운할 것 같으면
보내지 마세요.

그럼 나는 상대에게 많이 줄 수 없습니다.
그러나 계속 자주 줄 수 있습니다.
크기가 작아도.

사람 마음이 감동하고 움직이는 건
꼭 큰 무언가를 받아서가 아닙니다.

상대가 나에게 변함없는 모습이거나
상대가 작은 것이어도 나를 챙겨줄 때입니다.

그러니 아무것도 받지 않아도 될 만큼의 작은 것을
지속적으로 주는 것만으로도
충분히 관계가 좋아질 수 있습니다.

그리고 그 관계가 오래될수록
받지 않아도 줄 수 있는 크기가 늘어나겠지요.

이렇게 관계를 이어나가면 좋습니다.

어떤 상황에서도 두 사람이 똑같을 수는 없습니다.
다릅니다. 자주 다를 겁니다.
다른 두 사람이 서로 맞춰나갈 수 있다면
그것이 사랑입니다.

사랑하는 사람이 있다면
친구든 연인이든
오랫동안 그 사랑을 지켜나갈 수 있기를 바랍니다.

성숙한 사람과
미성숙한 사람의 차이

나이가 든다고 성숙해지는 것이 아닙니다.

성숙한 사람은
다른 사람에게 피해 준 것을 부끄럽게 생각하고
다른 사람의 마음에 피해 주진 않을까 조심하는 사람입니다.

그건 그 사람이 마음이 연약하고 다른 사람의
눈치를 많이 보는 사람이어서가 아니라
생각의 범위가 넓어 나만 생각하지 않고
타인도 생각하기 때문에 그렇습니다.

아주 어린아이일수록 배려를 잘하지 못합니다.
그러나 성장하면서 함께 사는 법을 배우게 되고
자신도 상처를 받으며
타인에게 상처 주면 안 된다는 것을 스스로 깨닫게 됩니다.
그 과정에서 성숙해지며
주위 사람들에게 상처 주지 않기 위해 노력합니다.

그러나
직장이든
식당이든
인간관계가 있는 어디든

나이가 있지만 전혀 성숙하지 못한 사람이 있습니다.
그 사람들은 대개
자신보다 낮은 사람한테는 강해지려 하고
자신보다 높은 사람한테는 한없이 약해집니다.

어른의 의미를 권력과 권한, 힘을 가진 사람이라
착각하기 때문입니다.

어른의 의미는 배려할 수 있는 사람입니다.
그래서 아이에게 어른이 더 많이 배려합니다.

다른 사람 마음을 아끼고 조심히 다룰 수 있는 사람.

우리는 높은 값의 물건일수록 귀하게 조심히 다룹니다.
주위에 내 마음을 조심히 다루지 않는 사람은
성숙하지 못한 사람이며
성숙하지 못한 사람에 대처하는 방법은 세 가지가 좋습니다.

첫째,
무시하는 것이지만 쉽지 않습니다.
그래서 그 사람을 그냥 아이라 생각하는 것입니다.
아직 미성숙한 아이.

장기적으로 보면 불쌍한 사람은 그 사람입니다.
나이가 들어도 성숙하지 못한 채 살아가면서
존경받지 못하고 아이 대접을 받기 때문입니다.

그런 사람을 보면 미성숙한 사람이라 생각하며
상처받지 마세요.
왜냐면 자신밖에 모르는 아주 어린아이의 말에
상처받을 필요가 없습니다.

둘째,
내 의견을 명확하게 얘기하는 것입니다.
대립하고 싸우라는 것이 아니라
그 사람과 있을 때 꼭 했어야 했지만 놓쳤던
이야기를 적어두었다가 부드럽지만 명확하게 말하는 것입니다.

그 사람은 아이이기에 잘 모릅니다. 타인의 마음까지.
그래서 명확하게 알려줄 필요가 있습니다.

내가 지금 무슨 생각이고 내 의견이 어떻다는 걸.
그럼 그 사람도 한 걸음 물러나서 생각하게 됩니다.
그리고 나에 대해서 조심하는 마음을 갖게 됩니다.

하지만 말하지 않고 물에 물 탄 듯 술에 술 탄 듯
계속 좋게만 대하면 그 어린아이는
타인의 마음까지는 생각하지 않기에 내 마음을 잘 모르고
나의 거리에 들어와 계속 상처 줄 수 있습니다.

셋째,
어린아이가 나에게 함부로 대하지 못하도록
나를 어른이라 생각할 수 있게
어른처럼 행동하며 나의 실력을 기르는 것입니다.

어린아이는 자신보다 어른이라 인식이 들면
어른에게 함부로 대하지 못합니다.
자신보다 약하면 괴롭히고

강하다 느끼면 꼼짝 못 하는 경우가 많습니다.
그래서 나를 함부로 할 수 없게 실력을 기르고
어른처럼 행동해야 하는 것입니다.

세상에는
다양한 직업
다양한 일
다양한 것들이 정말 많습니다.

어디에 있든 어디에 속하든 무슨 일을 하든
그런 건 크게 중요하지 않습니다.

그것이 그 사람의 전부가 아니기 때문입니다.
그건 극히 일부입니다.

그 사람을 가장 잘 알 수 있는 건

어떤 직업이냐가 아니라

같이 있으면 어른으로 느껴지는 사람인지

성숙하지 못한 아이로 느껴지는 사람인지가 더 중요합니다.

상대를 편안하게 해주는
사람들의 특징

내가 누군가와 함께 있을 때 편하다면
그 사람이 나에게 보이지 않게
많은 것을 양보해주는 사람이기
때문입니다.

누군가 나에게 처음에 잘 대해주는 것을
고맙다고 느끼는 건 쉽습니다.

그러나 우리가 많이 놓치는 건
함께 있을 때 편안함을 느끼게 해주는 그 사람의
양보의 마음입니다.

너무 편안하기에 '이 사람과 있으면 원래 그래'라고
쉽게 생각하는 경향이 생깁니다.

부부든 연인이든 친구든 동료이든

내가 그 사람과 함께 있을 때 편하면
그 사람은 나에게 이미 많은 것을 양보해주는 사람입니다.

그 사람이 나에게 특별한 무언가를 해주지 않아도
오늘이라도 그 사람에게
많은 것을 양보해줘서 고맙다고 말한다면
그 사람의 그동안 애쓴 마음이
특별해질 수 있지 않을까 생각합니다.

그 말을 듣게 된 그 사람의 하루가 특별해질 겁니다.

내 짜증을 다 받아주는
사람이 있다면

내가 짜증을 내도 다 받아주는 사람이 있다면
오늘부터 나는 그 사람에게 더 이상
짜증을 내면 안 됩니다.

그건 그 사람이 좋은 사람이고 안 좋은 사람이고를 떠나
내가 좋지 않은 사람인 것입니다.

내가 상대의 인격을 존중하지 않은 것입니다.

내 주위에 그런 사람이 있다면
당장 그동안의 일을 사과해보세요.

그리고 존중해주세요.

그 사람이 좋은 사람이니까
받아주는 거야 고마운 사람이니까
이런 생각은 더 이상 그만하고

내가 좋지 않은 사람이니
내가 바뀌어야 합니다.

사람은 모두 마음을 가지고 있습니다.
그 마음에 한 번 상처가 나면
잘 지워지지 않습니다.

나는 몇 번의 짜증의 말을 내뱉었는가.
마음을 단단히 먹고
더 이상 그 사람에게 상처를 주면 안 됩니다.

다른 사람에게 상처가 되는
말하기 습관

인간관계에서는 상대에게
상처가 되는 말들이 있습니다.

첫째, 가르치는 말투입니다.

상대가 상황이 좋지 않든 힘들어하든
내가 정말 정답을 알고 있어도
상대가 배움을 청한 것이 아니라면
누가 누구를 가르치는 말투는
오히려 상대에게 반감을 주고
전혀 도움을 줄 수 없습니다.

너는 이러니 이러는 게 낫다.

너는 왜 그렇게 하냐 그건 틀렸다.

그렇게 하지 마라 등등은

그냥 내가 옳고 너는 틀렸다는 전달밖에 되지 않습니다.

특히 친구 관계에서 가르치려 드는 말투는

한순간 상대의 마음을 닫아버리게 할 수 있습니다.

내 생각을 의문문이나 제안이나 예시를 들어 말한다면

상대도 성인이기에 충분히 고마워하고 이해합니다.

자주 문제가 발생하는 상황에 대한 구체적인 예를 들면

상대에게 기분 나쁜 마음이 생기면 보통 참다가

감당하기 어려워 말합니다.

"나는 이런 게 기분이 나빠. 네가 이렇게 하지 않았으면 좋겠어."

이 말이 별 문제 없을지 모르지만
이 말도 듣는 사람 입장에서는 기분이 나쁠 수 있습니다.

왜냐면 본인은 '나'를 기분 나쁘게 하려는 행동이 아니었는데
내가 기분이 나빴다고 하니 미안한 마음이 들기도 하면서
'나는 그런 의도가 아니었는데'라는 반감이 들기도 합니다.

이 대화가 지속될수록
기분이 상한 사람은 자신이 얼마나 기분이 나쁜지
알아주길 바라고

상대방은 '나는 그럴 의도가 아니었는데…'라고 생각하며
반감이 생기고 이해의 폭이 좁아지거나
기분 나빠 하는 상대가
이해가 되지 않을 수 있습니다.

이러면 싸움이 되는 것입니다.

현재의 일로 대화가 안 되면 우리는 과거의 일을 꺼냅니다.

과거의 너는 이랬잖아…부터

그럼 과거의 네가 이랬는데 내가 이해하고 넘어간 건? 등등

어쨌든

그럼 처음 자신이 기분 나쁜 걸 얘기한 사람은

이 사람과는 대화가 안 된다고 생각하거나

나의 상한 마음을 이해해주지 못하는 것 같아

'내가 생각했던 것보다 나를 소중하게 생각하지 않는구나'라고

생각하기도 합니다.

그래서 내가 기분이 나쁜 걸 상대가 고쳐주길 바란다면

이렇게 말하면 좋습니다.

1. 안 좋은 얘기 앞에는 꼭 좋은 얘기를 먼저 꺼낸다.

2. 의문문을 사용한다.

예를 들면

"누구야 나는 네가 이렇게 할 때가 참 좋은 것 같고 고마워.
근데 내가 이런 것에 마음이 좀 예민한 건지(마음이 상했던 일)
마음이 힘들 때도 있는 것 같은데
혹시 다음부터는 이렇게 하는 걸(마음이 상했던 일)
조금 안 해줄 수 있겠어?"

의문문은 상대에게 선택권을 주는 것이고
나는 상대의 의도를 따르겠다는 말이지만
상대는 자신이 존중받았다 생각하고
99프로는 그렇게 하지 않겠다고 합니다.

물론 여기서 '싫어 내 마음대로 할 거야.
아니? 나는 계속 그럴 건데'라고
말하는 사람도 있을 수 있습니다.
그런 사람은 더 대화할 필요 없습니다.

그럼 상대는 앞으로 변할 것입니다.
그런데 이렇게 변할 것입니다.

지금까지는 나에게 힘들게 했던 행동을 열 번 했다면
이제 일곱 번만 할 것입니다.
한 번에 바뀌지는 않습니다.
상대 딴에는 이게 분명 애쓰며 노력한 것입니다.

자 이제 내가 상대를 사랑한다면 귀하게 여긴다면
관계를 계속 이어나가고 싶다면
열 번 중 그 행동을 한 일곱 번이 아닌
안 하려고 애쓴 세 번을 바라봐주고
고맙다고 말해주는 것입니다.

그럼 사람은 누구나 인정받고 싶은 욕구가 있어
인정받았다는 생각에 더 잘하고 싶어 합니다.

그럼 세 번이 네 번 되고
네 번이 다섯 번 되면서
차츰 서로에 맞게 나아지는 것입니다.

그러다 시간이 많이 지나 또 변화가 없다면
화를 내거나 싸우지 말고
조심스럽게 위와 같은 방법으로 묻는 것입니다.

그럼 상대는 다시 조금씩 신경 쓰고 노력합니다.

이렇게 하면

내가 말하려는 뜻은 충분히 전달이 되고
관계가 멀어지는 것은 막을 수 있습니다.

둘째, 상대를 쉽게 생각하는 말투입니다.

상대를 쉽게 생각하는 말투에는 두 가지가 있습니다.
그 사람 자체를 무시하는 말과
그 사람이 고민하고 심각하게 말하는 걸
별것 아닌 듯 쉽게 하는 말.

상대방에 대한 무시는 장난이어서 해도 되고
장난이 아니면 하면 안 되는 것이 아니라
그냥 하면 안 되는 것입니다.
내가 나를 무시하면 상처받듯
상대방도 똑같이 상처받습니다.

상대방이 오랫동안 준비했거나 상대방에게는 중요한 일을
아무것도 아닌 듯 내 생각은 옳다는 식으로
쉽게 얘기하면 상대방 기분은 당연히 상합니다.

셋째, 상대의 좋은 일에 대하여 장난이든 아니든 비꼬거나
달갑지 않은 표정을 보이는 것입니다.

표정은 어떤 언어보다
강력한 언어가 되기도 합니다.

상대가 좋은 일이 생겼다면 그 사람의 노력으로 생긴 것인데
나는 그러지 못한다고 말이나 표정을 좋지 않게 하여
상대의 기분을 상하게 하는 일은 없어야 합니다.

그 사람이 나를 좋아하고 나를 인정해주고
내 친구이길 바라면서 나는 적으로서 행동을 하는 것입니다.
정 그렇게 하고 싶다면 차라리 아무도 없을 때 혼자 하세요.
괜히 옆 사람을 피해 주면서 하는 건
나의 모자람이 드러나는 것입니다.

몸에 생긴 상처는 시간이 지나면 아물지만
마음에 생긴 말의 상처는 시간이 지날수록
그 사람이 더 미워지고 깊어집니다.

그래서 우리는
항상 말하는 습관을 조심하고 조심해야 합니다.

말은 조심할수록 더 많은 것을 얻을 수 있습니다.

상대방이 나에게 얼마만큼
노력하는지 알 수 있는 방법

인간관계가 어려운 이유는
상대가 나를 위해 얼마만큼 노력하는지
실질적으로 알 수 없기 때문입니다.

예를 들어 사람은
상대가 나에게 조금 실수하거나 부족해도
나를 위해 노력한다는 사실 자체가 느껴지면
많은 것이 용서가 되고
내가 오히려 상대를 이해하기 위해 애쓰게 됩니다.

하지만 상대가 나에게
전혀 노력하고 있지 않다는 생각이 들면
작은 실수든 용납하기 어렵고
이해하고 싶어지지 않습니다.

그래서 인간관계는 어렵습니다.
그것을 알면 참 쉬울 텐데.

그래서 상대가 나에게 얼마만큼
노력하는지 알 수 있는 방법이 있습니다.

그건 당신이 아주 당연하고 사소한 걸
부탁해보는 것입니다.

큰 부탁은 누구나 부담스럽고 거절할 수 있기에
아주 사소하고 작은 부탁을 해보는 것입니다.

그때 상대의 모습을 보면 알 수 있습니다.
작고 사소한 부탁을 신경 쓰고 최대한 잘 해내기 위해
노력하는 게 보이면 상대는
당신을 위해 지금 관계에서 노력하며
만나고 있는 것입니다.

그러나 작고 사소한 부탁조차 신경 쓰지 않는다면
(물론 상대가 지금 어떤 어려운 상황에 처했거나
마음의 여유가 없는 상황이 아니라면)
상대는 이 관계에서 노력하고 있지 않는 것입니다.

이렇게 상대의 마음과 노력을 안다면
내 마음은 자연스럽게 더 많은 걸 이해하게 되거나
더 많은 것을 용납할 수 있을 것입니다.

이것은 자연스러운 것입니다.
나에게 노력하지 않는 사람을

이해하기 어렵다고 느끼는 건.

내가 누군가를 좋아한다면
상대도 나를 위해 노력하고 있는지 알아보기 위한
좋은 방법입니다.

PART 3

왜 아무도 내 마음을 몰라주는 걸까

사랑하는 사람과 좋은 관계를 유지하는 방법

상대를 내 마음대로
하고 싶어 하는 마음

상대에게 화가 나는 건
상대가 나를 소중하게 생각했으면
'나한테 이렇게 해주지 않았을까'라는
나만의 착각 때문입니다.

상대는 나를 소중하게 생각해도
내가 생각한 대로 나한테 똑같이 안 해줄 수도 있습니다.

'서로 다른 생각이 있고 내가 생각한 대로 안 해주었다고
상대가 나를 소중하게 생각하지 않아서야'라고
판단하면 나 혼자 상상하고 미워하는 것입니다.

소중하다 생각할 때 이렇게 해야 한다는
절대적 기준 같은 건 세상에 없습니다.

'나라면 이랬을 텐데'라는 건 그냥 내 생각일 뿐입니다.

그걸 상대가 똑같이 행동하지 않았다고 해서 상대를 미워하고
'나를 소중하게 생각하지 않아'라고 생각하는 건
나야말로 상대를 소중하게 생각하는 마음보다
내 마음처럼 하고 싶은 마음이 더 커서 그렇습니다.

사람이 사람을 만날 때는
이분법적으로 생각하면 안 됩니다.

이렇게 하면 좋은 사람
이렇게 하면 나쁜 사람

그걸 정하는 건 결국 나이기에
그러다 보면 사람이 굉장히 자기중심적으로만
생각하게 되고 타인의 마음을 들여다보지 못합니다.

물론 상대가 나를
정말 소중하게 생각하지 않아서
그랬을 수도 있습니다.

그러나 그것을 내 생각대로 안 했다고
판단하기에는 너무 불확실합니다.

상대가 나를 소중하게 생각하는지 안 하는지
백프로 정확히 알 수는 없습니다.

소중하게 생각하지 않지만 그런 척 할 수도 있고
소중하게 생각하지만 그날 생각이 달라 그 순간에
아닌 것처럼 보일 수도 있습니다.

그러니 애초에
나를 소중하게 생각하지 않으니
이렇게 행동하는 거라는 생각 자체가
불확실한 생각입니다.

대신 상대가 나를 소중하게 생각할 때
하는 행동이 있습니다.

연락을 많이 하는가는 아닙니다.
핸드폰을 원래 자주 안 만지는 사람일 수도 있고
그때 여유가 없는 상황이었을 수도 있습니다.

나에게 뭘 많이 사주는 사람도 아닙니다.
소중하게 생각해도 많이 못 사주는 사람도 있고
남에게 무언가를 사주는 게 그냥 습관화된
사람일 수도 있습니다.

두 가지입니다.

첫째,
나에게 진정성 있게 자신의 삶에 대해
자주 얘기하는 사람입니다.

자신의 삶에 대해 나에게 진정성 있게
고민이든 미래든 걱정이든 얘기하는 건
그 사람은 나를 자신만큼 믿고 의지하고 있고
함께하고 있다고 생각하기 때문입니다.

둘째,
그러나 이것도 성향이 달라 자신의 얘기를
잘 못하는 사람이 있습니다.

그렇다면 내 얘기를 진정성 있게 들어주는
사람인가입니다.

이 두 가지를 가끔이든 만나서 대화할 때든
오랜 기간 지속적으로 나에게 해주는 사람이라면
그 사람은 나를 소중히 생각하는 사람입니다.

그동안 내가 이분법적 생각으로
서운함을 자주 느꼈다면
이제는 그 생각에서 벗어나
상황만을 보고 그 사람 마음까지 내 마음대로 판단해
미움과 화를 더 거대하게 만들지 않기를 바랍니다.

저는 사람한테 좀
기대는 편이거든요

인연을 유지하는 건
각자의 사생활을 존중할 때입니다.

각자의 사생활이 있는데 자꾸
내가 보고 싶다고 내가 연락하고 싶다고 하면서
옆사람을 힘들게 하고.
물론 그 마음 자체는 괜찮지만 그렇다고
그렇게 못 하는 사람을 변했다며 이해 못 하고.

그러면 결국 관계를 유지하기 어렵습니다.

각자의 사생활이 있고
개인으로 있을 때 충분히 마음이 건강하고
활력이 있고 각자가 집중할 게 있을 때
함께일 때도 좋은 것이지
함께일 때만 뭘 재밌는 걸 해서 좋고
멀어지면 함께 못 해서 밉고
그런 관계는 깊은 관계가 될 수 없습니다.

깊은 관계를 만들기 위해서는
내가 내 삶에 집중해야 하며
누군가가 없어도 혼자서도 건강해야 합니다.

'저는 사람이 있으면 좀 기대는 편이거든요'

내가 이런 생각이거나 이런 말을 한 적이 있다면

옆 사람이 떠나가기 전에 얼른 바뀌어야 합니다.

서로 두 사람이 만날 때

가장 좋은 건 서로가

상대가 나에게 기대게 하려는 마음이지

내가 상대에게 기대려는 마음으로 만나면

상대를 기대게 하려는 마음을 가진 사람만 계속 지칩니다.

각자의 생활을 존중할 때

그 속에서 좋은 관계를 이어나갈 수 있습니다.

따뜻한 사람 곁에는
따뜻한 사람이 온다

상처를 많이 받거나 사랑을 많이 못 받은 사람일수록
센 척하게 되거나 비판적이거나 차갑게 변합니다.
왜냐면 그래야만
상처를 안 받는다고 생각하기에 그렇게 살아갑니다.

그러나 늘 외롭습니다.
그리고 사실은 두렵습니다.
아무도 나를 사랑해주지 않을까봐.

그래서 그럴수록 더 괜찮은 척합니다.
하지만 계속 공허합니다.

그러다 누군가 나를 사랑해주는 사람을 만나면
그 사람이 나를 떠날까 전부를 주지만
그 사람을 간섭하고 억압하려 합니다.

내 작은 마음을 알아주지 않는 것 같으면
굉장히 상대가 밉습니다.
그럼 그 상대방은 떠납니다.

결국 다시 생각합니다.
"역시 사람은 믿으면 안돼."

이렇게 잦은 문제가 생기면

비판적이거나 센 척하거나 괜찮은 척하는
마음을 내려놓고 따뜻한 사람이 되기 위해
노력해야 합니다.

분명 또 상처받을 수도 있겠지만

두 가지 진리가 있습니다.

첫째,

따뜻한 사람 곁에는 따뜻한 사람이 온다.

둘째,

차가운 사람 곁에 있는 따뜻한 사람은 떠나게 된다.

지속될수록 그럴 가능성이 훨씬 크다.

그래서 새로운 관계를 형성하는 것이 어렵습니다.

그래서 상처받더라도

따뜻한 사람이 되어야 합니다.

그래야 항상은 아니지만 계속해서

따뜻한 사람을 만날 수 있고 함께할 수 있게 되며

'사는 게 행복하다 함께 있어 행복하다'라는 감정도
자주 느끼게 될 것입니다.

그리고 자녀가 있다면 혹은 당신이 자녀가 없더라도
미래의 자녀는 당신의 모습을 보고 배웁니다.

당신이 아무리 따뜻한 언어와 표정으로
사람을 대하라고 해도
당신이 그렇게 하지 않으면
아이는 당신의 차가운 언어와 표정을 배우며 자라게 됩니다.

따뜻한 사람이 되라는 건
상처받아도 괜찮은 척 참고 살라는 게 아니라

당신의 상처를 인정하고
같은 상처를 받지 않게 조심하며 상처를 돌보고,
나에게 굳이 상처 주는 사람이 아니면 냉소적이거나

비판적이지 않고 따뜻하게 대하라는 말 정도가 됩니다.

그래야 당신은 타인의 상처도 바라볼 수 있게 되며
당신에게 다가오는
따뜻한 사람과 함께할 수 있습니다.

사람이 사람을 떠나는
3가지 이유

사람이 사람을 떠나는 이유는 3가지입니다.

첫째,
연락을 자주 안 하거나
자주 만나지 못해서가 아니라
자주 만나든 그렇지 않든
상대방이 내 이야기에 귀 기울이지 않는다고
상대방이 느끼게 될 때입니다.

누구나 자신의 이야기에 더 집중해서
귀 기울여주는 사람과 대화를 나누고 싶어 합니다.

우리는 보통 나의 행동에 반응하는 상대의 행동으로
'내가 잘하고 있다'라는 느낌을 받고
이것이 지속적으로 반복되면 '그래도 내가 잘 살고 있다'라는
느낌과 인식이 듭니다.

기분이 좋아지는 순간이 삶에 자주 들기 때문입니다.

자신의 이야기는 하는 걸 좋아하면서
상대의 이야기에는 귀 기울이지 않는다면
그 사람은 누구와도 오래 대화할 수 없습니다.

둘째,
상대방의 기분은 전혀 생각하지 않고
자기가 좋은 대로만 하려는 사람입니다.

사람은 감정의 동물입니다.

감정에 따라 행동도 생각도 변합니다.

좋은 감정을 가지고 있다면 조금 더 너그러워질 수 있고

부정적인 감정이라면 작은 것에도 예민하게 반응하게 됩니다.

대화를 할 줄 모르고

무조건 자기가 좋은 대로만 하려는 사람은

너무 자신밖에 몰라 남에게 피해를 주는 사람입니다.

생각의 그릇이 너무 작아 자신이 그렇게 하는 것이

잘못인지조차 모르고 계속해서

자신의 마음대로만 하려고 합니다.

옆에 있는 사람은 너무나 답답합니다.

문제가 생겼을 때는

대화하고 대화하고 대화를 해야 합니다.

오래 함께할 수 있는 사람은
외모가 뛰어나거나 능력이 뛰어난 사람이 아니라
서로의 생각을 대화할 수 있는 사람입니다.

셋째,
아무것도 모르면서 계속 무언가를 아는 척하는 사람입니다.
그건 당당한 사람이 아니라 가장 멍청한 사람입니다.

처음에는 그 사람이 계속 고집하기에
주위에서도 맞는 것처럼 보이지만
가짜는 언제든 금방 들통 나기 마련입니다.

시간이 지날수록 사람들은 알게 됩니다.
저 사람이 아무것도 모르면서 그냥 고집만 강한 사람이라는 걸.
모르는 걸 계속 아는 척할수록 진짜 아는 사람들은
그 사람 곁에서 대화하고 싶어 하지 않습니다.

어른들은 말합니다.

어릴 때부터 사람 관계를 조심해야 한다고.

그 말의 뜻은

내가 상처받지 않게 조심해야 된다는 말이기도 하지만

나 역시 상처 주지 않기 위해 조심해야 된다는 말이기도 합니다.

사람은 혼자는 살아갈 수 없습니다.

오랫동안 혼자 있게 되면 누군가 보고 싶어집니다.

그렇기에

오랫동안 혼자가 되지 않기 위해

조금 더 배려하고 이해하며

맞춰나가는 연습이 필요합니다.

하지만 안타깝게도 그건 한 번에 잘 되지 않아
지난 과거의 후회나 실수, 받은 상처들로 인해
사람 만나기가 두려워질 때가 있습니다.

하지만 두려움에 빠지면 계속 더 두려워지기에
과거의 일은 좋은 공부였다 생각할 수 있었으면 좋겠습니다.
그래야만 합니다.
그래야 또 부족한 부분은 수정하고 보완해나가며
좋은 사람들을 한 명씩 곁에 둘 수 있습니다.

혹시나 아직 좋은 사람들이

곁에 많이 없다고 실망하지 마세요.

아직 당신은 살아온 날보다

살아갈 날들이 훨씬 더 많기에

좋은 사람들을 찾는 인생의 여정은 멈추지 말고

씩씩하게 계속되어야 합니다.

그러다 보면

분명 세월이 흐를수록 한 명 한 명 곁에

좋은 사람이 남게 될 수 있을 거라 믿습니다.

미안하다 고맙다
자주 말하는 사람

미안하다 고맙다 자주 말하는 사람은
정말 멋있는 사람입니다.

다른 사람을 그만큼 존중하고 배려할 줄 아는
사람입니다.

그런데 정말 희한합니다.

사람들은 그렇게 하면
그 사람이 나보다 약해서 그런다고 생각합니다.

나보다 모자라서 그런다고 생각합니다.
그래서 우습게보고 함부로 대해도 되는 줄 압니다.

정작 이렇게 하는 사람이 정말 모자란 사람입니다.

그 누가 되었든
내 주위에
미안하다 고맙다 자주 말하는 사람이 있다면

당신이 그 마음을 보고
그 사람을 존경할 수 있다면

당신도 진짜 멋있는 사람입니다.

사람들의 말에 자주
상처받는 나

내가 상처를 잘 받는다면
상처를 잘 받는 나를 탓하면 안 됩니다.
사람마다 다르기에 누군가는 언어에 민감할 수도
언어의 표현을 더 중요하게 생각할 수 있습니다.

그리고 사람들의 말에 상처를 잘 받는 사람일수록
다른 사람에게 상처 주지 않는 말을 하기 위해 더 노력합니다.

그럼 나는 어떻게 해야 상처받지 않을까요.
'상처받기 전 표현하기'와
'상처받은 후 표현하기'가 있습니다.

첫째,

상처받기 전 표현하기는

상처받기 전 먼저 나를 나타내는 것이 중요합니다.

사람은 저마다 다른 환경에서 자랐기 때문에

같은 상황에서 언어의 표현이 제각각 다릅니다.

같은 맥락이어도 다른 표현으로 말하기에

그래서 의도치 않게 언어로 상처를 주기도 하고 받기도 합니다.

상대의 기분이 상하지 않게 자연스럽게

먼저 말을 꺼내는 것이 아주 큰 효과가 나타납니다.

나는 언어의 표현이 중요하다 생각하고

상처를 잘 받는 편이라고 말을 꺼내면

상대는 내가 나를 표현해서 말하지 않았을 때보다

훨씬 더 조심하게 됩니다.

둘째,

상처를 받았다면 상처받음을 표현해보세요.

어떤 부분에서 상처가 되었고 조심해주면 좋겠다고
용기내서 말해봅니다.
말해도 되는 것인지 생각할수록 헷갈리기에
내가 말해도 되는 관계라면
표현하는 것이 모든 오해의 해소가 됩니다.
말하지 않는다면 상대는 계속해서 멀어지고
나에게 같은 상처의 말을 계속하기 때문입니다.

셋째,
상처를 받은 후에 나에 대해서 돌아보는 것입니다.
내가 왜 상처를 받았고
그 말에 대해 내가 생각하는 나의 문제는 무엇인지
혹은 나도 나를 너무 미워하거나
나의 단점을 평소에 너무 많이 바라봐서
상대의 작은 말에도 마음이 흔들린 건 아닌지
스스로 자신을 돌아보고
스스로 해결 방안을 생각해보는 것도 좋습니다.

생각이 많다는 건 단점이 아닙니다.
하지만 생각을 해도 나아지는 것이 아니라
제자리에서 같은 생각만을
반복하는 건 단점이 됩니다.

같은 생각을 반복하는 이유는
그 상황을 자꾸 이해하려고 하기 때문입니다.
이해할 필요 없습니다.
마음이라는 감정은
논리적으로 이해가 되는 것이 아니기 때문입니다.

당신은 아마 똑같은 상황이 되어도
똑같이 상처받을 테니
중요한 건 나를 있는 그대로 인정하고
말에 대해 상처받지 않게
스스로를 보호하고 아껴주어야
상처에서 멀어질 수 있습니다.

억지로 이해하고 참는다고 상처에서 멀어지는 것이 아니라
그건 상처에서 깊어지는 방법임을 기억해야 합니다.

나를 가장 잘 아는 건 나이기에
나와 다른 마음을 가진 사람을 생각하며
다른 사람은 어떻게 했을까라고 생각하기보다는
내가 나의 마음을 자주 들여다보고
그 마음을 그대로 인정해주어야
같은 상처에서 벗어날 수 있습니다.

별말 아니어도

내가 나에게 해주는
진심이 담긴 따뜻한 말들은

언제 들어도 큰 힘이 되는
가장 따뜻한 말이 됩니다.

원치 않은 이별로
힘들어하고 있다면

상담소를 찾은 여성분이 자리에 앉자마자
한 시간을 울기만 했습니다.

"이별한 사람들이 존경스럽네요 어떻게 살아가는지
원치 않은 이별이 너무 힘들어요.
괜찮은 척 살아가다 한 번씩 무너지고
힘들기를 반복하다 이제 지쳐요."

이별의 시간이 꽤 지났고 괜찮은 척
바쁘게 살아보려고 하지만
그래도 상대방의 생각으로 힘들다면

당신은
다시 연락을 해야 되는지 말아야 되는지
고민하고 있을 것입니다.
그리고 연락을 하면 안 되는 것을 이미
충분히 알고 있을 것입니다.

그래도 계속 고민이 된다면
기억하면 좋을 이야기가 있습니다.

감정은 시간이 지나면 지워지거나 흐려집니다.
슬픈 감정은 시간이 지나면 흐려집니다.

그런데 시간이 지나도 당신의 마음이 힘들다면
당신은 그 사람과 지금 당장 못 보는 슬픔으로
힘든 것이기보다는 과거의 당신의 행동에 대한
후회나 미련이 남아 힘든 것입니다.

이것은 감정이 아니라 기억입니다.

기억은 시간이 지나도 선명합니다.
예를 들어 아주 어릴 적 특정 기억은 평생 기억하며 살게 됩니다.
앞으로 당신은 이 기억을 가지고 살아가게 됩니다.

그럼 계속 이 기억으로 힘들어야 되냐고 묻는다면
기억에서 나올 수 있는 방법이 있습니다.
후회와 미련을 없애는 것입니다.

그건 지금 당신이 그 사람에게 할 수 있는
최선을 다해보는 것입니다.

다시 연락이 되었든 다시 붙잡든
만나지는 않더라도 사과를 하든
지금 당신이 할 수 있는 최선을 다하는 것입니다.

후회와 미련은 최선을 다하지 못한 마음
뒤에 오는 것입니다.

이렇게 최선을 다한다면
후회나 미련은 남지 않거나 확실히 줄어듭니다.

이렇게 하면 당신의 기억이 바뀌게 됩니다.
'과거의 내가 그렇게 해서 후회와 미련이 많이 남는다'의
기억에서

'과거의 내가 그렇게 해서
후회와 미련이 많이 남았지만 그래도 끝에는
내가 지금 할 수 있는 최선을 다했고 결과를 받아들일 수 있다'의
기억으로.

다시 만나게 되면 좋은 거고
다시 만날 수 없어도

이제 최선을 다했기에 후회와 미련은 남지 않을 것입니다.
하지만 이제 슬픔이 남을 것입니다.

여기서 잠시,
헤어졌는데 연락하고 싶다면
무조건 이렇게 다시 연락해서 후회와 미련을
지우라는 말은 아닙니다.

내가 만약 그 기억을 가지고 그래도
연락하지 않는 게 내 마음이 더 나을 것 같으면
그렇게 하는 것이고

그 후회와 미련의 기억을 앞으로 계속 가지고
살기에 두렵고 너무 마음이 힘들다면
최선을 다하는 것입니다.

정답은 없습니다.

내가 지금 마음이 조금 더
나을 것으로 선택한다면
그게 나한테 지금 가장 필요한 것입니다.

연락을 해서 내가 다시 상처받거나
상대방을 힘들게 하는 것 같아
연락하는 게 싫은 마음이
더 크면 안 하면 됩니다.

그럼 이제
당신은
최선을 다하든 안 하든

슬픔만이 남을 것입니다.

슬프다는 건 당신이 못나서가 아니라

그 사람을 진심으로 사랑했기에

사랑한 만큼 슬픔이 남은 것이기에

당신의 그 전 사랑은 아주 진심이고

멋있는 사랑을 했다는 증거입니다.

혹시나 상처받을까 두려워

앞으로 진심의 사랑을 하지 않으면 안 됩니다.

앞으로 그렇게 백프로 마음을 주는

진심의 사랑을 계속할 수 있으면 좋겠습니다.

또 상처받을지 모르겠지만

그 사랑은 옳습니다.

그래야만 내가 나중에
백프로를 사랑하는 사람을 만나면
서로가 백프로를 사랑하며 멋진 진심의 사랑을 할 수 있습니다.
하지만 50프로의 사랑을 하는 사람은
백프로의 사랑을 늘 떠나보냅니다.

이제 후회와 미련은 최선을 다해 털거나
후회와 미련을 그냥 지고 이별을 받아들이기로 한
당신에게 남은 건 슬픔일 것입니다.

슬픈 감정을 다루는 가장 좋은 방법은
충분히 슬퍼하는 것입니다.

눈물이 나면 좀 울고 그리우면 그리워도 하고
아프면 아파하고 억지로 힘내지 않고
충분히 슬퍼하는 것입니다.

슬퍼하지 않고 얼른 괜찮으려 할수록
괜찮지 않습니다.

감정이기에 시간이 지나면 분명 흐려질 것입니다.
지금은 슬픔을 해결하려 하지 말고
버티기만 하면 됩니다.

충분히 울고 난 뒤에
다 울고 나면 분명 이제는 그만 울고 싶다라는
생각이 진심으로 들 것입니다.

그때 그만 울어도 늦지 않습니다.
그때 행복하기 위해 노력해도 행복에 늦지 않습니다.

지금은 행복해야 될 때가 아니라
울어야 할 때입니다.

그렇게 슬퍼하고 나면 이제 당신에게
불안이 찾아올 것입니다.
'나한테 또 이런 사랑이 찾아오지 않으면 어쩌지?'

마지막 얘기입니다.
당신은 앞으로의 당신의 사랑을 믿어도 좋습니다.
왜냐면 사랑은 또 찾아올 것입니다 분명히.

사랑은 내가 찾아가는 것이 아니라
사랑은 찾아오는 것입니다.

지금까지 과거를 돌이켜 보면
사랑은 늘 찾아왔습니다.
그 사랑이 이루어지든 안 이루어지든
사랑을 불러일으킬 만한 사람은 가끔이든 종종이든
찾아왔습니다.

당신의 삶에 사랑은 아직 남았습니다.
그리고 또 사랑이 분명 찾아올 것입니다.

과거의 슬픔을 안은 채로
새로운 사랑을 만나지 않기 위해서
당당하고 멋진 모습으로 그 사랑을 마주하기 위해서는
지금 당장은 슬픔이 남았다면
조금 더 슬퍼해야 합니다.

사랑하는 사람과 좋은 관계를
유지하려면

사랑하는 사람이 이렇게 바뀌면 좋을 것 같고
이렇게 노력해주면 좋을 것 같다는 생각이 듭니다.

또는 나를 위해서가 아니라
그 사람이 자기 자신을 위해서라도
이렇게 저렇게 했으면 하는 생각이 들 수도 있고
결론적으로 그렇게 변하지 않는 상대가
시간이 갈수록 실망스럽기도 하고 밉기도 합니다.

만약 이런 지금의 모습 때문에 이 사람을
더 이상 만나기 싫으면 안 만나면 되지만

나는 그래도 이 사람이 좋고 이 사람과

오랜 관계로 만나고 싶다면

둘 사이에 좋은 관계를 유지하는 방법이 있습니다.

첫째,

그 사람을 지금 있는 그대로 인정해주는 것입니다.

내가 생각하기에 이렇게 하면 좋을 것 같고

이런 걸 하면 좋을 것 같은 생각들은 내 생각일 뿐입니다.

내 생각이 옳다고 여기고 상대를 바꾸려 하는 것입니다.

그럼 상대는 당신으로부터 멀어지게 되어 있습니다.

왜냐면 당신만 만나면

자신이 부족하고 인생을 잘 못 사는 것처럼 느껴지기 때문입니다.

그러면 마음의 거리가 서서히 멀어집니다.

상대를 있는 그대로 인정해야 합니다.

그렇게 그 자체를 인정해주면 그건 상대에게

믿음으로 보이는 것입니다.

세상 사람들이 다 아니라고 해도
자신이 조금 느리거나 부족해도
누군가 나를 믿어주는 한 사람으로 인해 큰 용기가 생기고
상대는 무슨 일이 있거나 힘든 일이 있거나
자랑하고 싶은 좋은 일이 있을 때
당신에게 제일 먼저 말하고
당신이 제일 먼저 생각날 것입니다.

어떤 일이 있어도 어떤 모습이어도
누군가 나를 믿어주는 한 사람,
상대는 당신과 오래 함께 하고 싶어 합니다.

둘째,
그러나 당신은 물을 것입니다.

'그럼 내가 다 참아야 하나요?'
아닙니다. 서로가 맞춰 나가야지요.

서로가 서로에게 맞게.

우선 서로가 맞춰나갈 수 있는 부분이 있고
내가 그 사람 자체로 이해해야 되는 부분이
있다는 걸 알아야 합니다.

예를 들어
유리컵과 종이컵이 연애를 합니다.
유리컵이 종이컵에게 너는 재질이 너무 약하다
너는 그럼 쉽게 찢어지고 상처받을 수 있다
더 단단해져야 한다 등등
이렇게 그 사람 본성 자체를 바꾸려 하면 멀어집니다.

종이컵의 종이는 약하지만 가벼워 이동하고 편리합니다.
가벼운 재질은 종이컵의 장점이기도 합니다.
그런데 이걸 내 기준에서 생각하여
상대를 바꾸려 할수록 상대는 당신에게서 멀어집니다.

그럼 서로 맞춰나갈 수 있는 건 어떤 게 있을까요.

유리컵이 종이컵에게 조금 더 자주
만나러 와주었으면 좋겠고 조금 더 자주
어디를 가고 싶고 서로가 조금 더 자주
연락할 수 있으면 좋겠고
이런 행위에 대한 건 서로가 맞춰나갈 수 있습니다.

한 사람이 아닌 두 사람 모두 행복할 때
각자의 그 자체의 모습이 온전히 있을 때
그렇게 서로가 서로를 생각해
행위에 대한 부분을 맞춰나갈 때

두 사람은 보다 더 평화로운 오랜 관계를
유지해나갈 수 있습니다.

떠난 사람을 돌아오게
하는 방법

연인이든 친구든 인간관계에서
그때 당시에는 뭐가 문제인지 모르지만
지나고 나니 후회되고 아쉽고 미안한 마음이 들어
이미 관계가 끝나거나 떠나간 사람을
계속 생각하며 힘들어질 때가 있습니다.

떠나간 사람을 돌아오게 하는 방법이 있습니다.

그건 그 사람에게 계속 연락해
다시 관계를 시작하자고 지속적으로 말하고 어떤 선물을 하고
그럴듯한 말을 하는 것이 아닙니다.

진심으로 후회되고 미안한 점을
진심을 담아 말했다면

이제 당신이 할 일은 그 사람이
스스로 당신에게 돌아오길 기다리는 것입니다.

그 사람에게 다가갈수록
그 사람은 오히려 당신에게 멀어지고
거리를 두려고 할 것입니다.

물론 지속적인 어떤 선물이나
감동적인 이벤트 등등 대단한 무엇으로
그 사람이, 잠시 마음이 돌아올지 모르나
그건 당신이라는 진정한 사람에게 돌아온 것이 아니라
그 상황에 마음이 움직인 것일 뿐입니다.

그 상황이 지나고 당신을 만나면
아주 작은 것에도 금세 다시 마음이 멀어지고
돌아설 수 있습니다.

그러니 떠나간 사람을 돌아오게 하는
유일한 방법은 당신의 진심을 전한 뒤
그냥 기다리는 것입니다.

당신을 떠나갔다는 건
당신에게 상처를 받거나 당신이 무서워 떠난 것입니다.
그 사람에게 내게 오라고 당신이 다가갈수록
그 사람은 더 멀리 도망칠 것입니다.

물론 기다린다고 그 사람이 돌아오지 않을 수도 있습니다.
그건 그 사람은 절대 당신에게 돌아올 사람이 아니라는 것입니다.

그리고 당신은 이제 힘들겠지만
그 사람에 대한 마음을 멈추고
그 사람의 뜻을 이제 존중해주어야 합니다.

정말 그 사람이 행복하길 바라며
그리고 당신이 멈췄던 새로운 길을
다시 걸어나가야 합니다.

그 과정 속에서 새로운 사람을 만날 테고
그때 같은 잘못을 반복하지 않으면
그걸로 된 것입니다.

더 이상 과거에 얽매이거나
더 이상 자신의 잘못으로 괴로워할 필요 없습니다.

사람은 누구나 실수하고 잘못을 합니다.
정말 큰 잘못은 자신의 잘못을 모르고
고쳐나가지 않는 사람입니다.

당신은 사람이니까
사람이기에
잘못하고 실수한 것입니다.

진심으로 잘못과 용서를 고백했다면
이제 앞으로 잘하면 되는 것입니다.

주위에 남을 잘 챙겨주는
사람이 있다면

남을 잘 챙겨주는 사람이 있습니다.
그런 사람은 사실 누구보다 본인도
챙김을 받고 싶은 사람입니다.

그러나 다른 사람을 늘 챙겨주느라 본인에게는 소홀합니다.
싫어도 잘 말하지 못하고 웬만한 건 다 참습니다.
그런 것에 익숙하긴 하지만
누구보다도 사랑받고 싶고 챙김을 받고 싶은 사람입니다.

그런 사람이 있다면
'원래 잘 챙겨주는 사람이야'라는 말로

그 사람의 마음을 가볍게 대하지 말고
내가 챙겨주세요.

그럼 그 사람은 나에게 다시 몇 배로 돌려줄 것입니다.
그 사람은 그런 사람입니다.

순간적으로 한두 번 챙겨줄 수는 있지만
지속적으로 사람을 잘 챙기는 건 정말 어려운 일입니다.
그만큼 계속 신경 쓰고 노력하고 있다는 증거입니다.

받는 사람이야 그 챙김이 자신이 원했던 것이면
엄청 좋아하지만
별로 지금 필요하지 않은 것이면
크게 고마움을 느끼지 못하기에

대부분 지속적으로 챙겨주는 사람에게
지속적인 고마움을 갖지는 못합니다.

그리고 '저 사람은 원래 그런 사람이야'라고 넘깁니다.

그게 아닙니다.
그 사람은 내가 소중해서 그런 것입니다.

그리고 그 사람도 도움을 받는 것에 어색할 뿐
누군가에게 기대기도 하고 싶고 도움도 받고 싶고
챙김을 받고 싶을 때도 있는
나와 똑같은 그런 마음을 가진 사람입니다.

내가 챙겨주세요.
그 사람을.

그럼 그 사람은 내 곁에 오래 머물게 될 것입니다.

PART 4

내가 너무 예민하고 생각이 많은 걸까

부정적인 생각 줄이는 방법

회사를 옮길지 말지
고민이라면

지금 다니는 회사를 그만두자니
경제적으로 걱정되고

계속 다니자니 업무가 맞지 않거나
나를 힘들게 하는 어떤 사람 때문에 힘듭니다.

그래서 밤에는 잠들기 무섭고
아침에는 일어나기 무섭습니다.

이렇게 하루하루 버티는 것밖에 방법이 없을까
내가 나약한 건가 많은 생각이 듭니다.

충분히 생각했다면 더 생각할 필요 없습니다.

어차피 정답은 없으니까요.
대신에 저는 이렇게 생각합니다.

정말 사람 때문이든 일 때문이든
내가 정말 이렇게 너무 괴롭고 힘든데

이직 못 하는 이유가 돈 때문이라 생각이 들면
단지 그거 하나 때문이라면

이직해도 좋을 것 같습니다.

그 돈 조금 덜 받고 지금의 괴로움에서
벗어나거나 아니면 이 괴로운 곳보다
무조건 더 나은 돈과 대우를 받겠다는 독한 마음으로
이직해도 좋을 것 같습니다.

우리는 참는 게 익숙해져
잘 참지 못하면 문제가 있다고 생각합니다.

잘 참는 게 좋은 게 아니라
내가 앞으로 행복할 수 있는 길을 가고 있냐가
더 중요합니다.

지금보다 더 나은 곳으로 가지 못해도
지금보다 마음이 편한 곳으로 가면
그곳이 더 나은 내 삶의 장소가 될 것이라 생각합니다.

그동안 해온 일이 나와 맞지
않다고 느껴질 때

좋아하는 일 같아서 시작했지만
막상 나와 잘 맞지 않는 것 같고
그만두어야 할지 계속해야 될지 모르겠을 때

그만두자니 한 게 아깝고
계속하자니 하기에 괴롭고
이렇게 고민이 들면 정답을 찾기 어렵습니다.

위와 같은 경우라면 질문을 이렇게 바꿔보세요.

'내가 지금 이걸 포기해도 어떤 후회도 남지 않겠는가.'

'예'라고 할 수 있으면 당장 그만두어도 됩니다.
1초도 망설이지 말고.

그러나 답을 하지 못한다면
세 가지 중 하나의 이유 때문일 겁니다.

첫째, 처음에 좋아서 시작했지만
주위 시선이 부담돼서.

둘째, 처음에 좋아서 시작했지만
내가 계속 잘하지 못하니 적성이 아닌가 하는 생각 때문에.

셋째, 처음에는 좋아서 시작했지만
내가 배우고 싶은 분야는 조금밖에 못하고
내가 원하지 않는 부분까지 배워야 하니 시간낭비 같아서.

다시 말하면 '처음에 좋아서 시작했지만'

위와 같은 어려움을 만나니
하기 싫어지는 마음이 생긴 것입니다.

그건 당신이 못나서가 아닙니다.
누구나 하고 싶은 일 앞에
어려움을 만나면 하기 싫어집니다.

저도 그렇습니다.
글 쓰는 것이 좋고 강연도 좋지만
강연을 준비하는 시간이 어려울 땐 하기 싫어집니다.
글 소재가 생각이 나지 않으면 하기 싫어집니다.

그러나 '처음에 좋아서 시작했지만' 뒤에 어려움 때문에
그만두면 나중에 꼭 후회가 남습니다.
그만두지 말라는 것이 아닙니다.

그만둬야 될지 해야 될지 모르겠다면
내가 최대한 갈 수 있는 데까지 가보고
포기해도 후회가 남지 않겠다 싶을 때 그만두면
시간이 지나도 후회가 적습니다.

그러나 당신은 이런 이유로 또 걱정할 것입니다.

시간 낭비

인간은 하나를 선택하고 그걸 죽을 때까지 해야 끈기가 있고
시간을 아끼는 삶을 사는 것이 아닙니다.
물론 그것이 옳은 경우도 있습니다.
그것이 내가 정말 원하는 것이라면.

그러나 원치 않다면 몇 번을 바꿔도 좋습니다.
그건 당신만 그러는 게 아니라 자신이 원하는 걸
찾는 사람들은 누구나 겪는 과정입니다.

그렇게 해야만 진정 원하는 걸 찾을 수 있거든요.
한 번 두 번 도전했다고 못 찾았다고 시간 낭비라고
억울해하면 안 됩니다.
그렇게 계속해서 여러 번 찾는 사람만이
자신이 진정 원하는 것을 알게 됩니다.

그것이 내 인생에서
나의 심장을 뛰게 해주고 열정을 만들어주는
나만의 의미가 되기에 찾아야 합니다.

해야 될지 말아야 될지 불확실하다면
지금 포기해도 후회가 남지 않겠다
확신이 들 때까지만 시간을 써보세요.

시간 낭비가 아니라 포기하더라도 후회를 줄이고
그게 나에게 맞는지 확실히 알기 위한
가장 빠른 방법입니다.

나는 정말 원하는 만큼
노력도 하고 있는 걸까

지쳐 보이는 여성이 상담소를 찾아왔습니다.

내일이 시험 결과 발표일이라 말했습니다.
4년 동안 시험을 준비했으며 한 번 떨어지고
다시 도전한 결과를 내일 기다린다고 했습니다.

처음 본 제가 봐도 그동안의 시간이 어땠을지 보일 정도로
지쳐 보였습니다.

"그동안 정말 고생 많으셨겠네요."

상담실 의자에 앉자마자 제가 이렇게 말했습니다.
그러자 그 분은 한참을 울더니 이렇게 말했습니다.

저 사실 되게 힘들었어요. 위로받고 싶어요.

"어떻게 공부하셨어요?"

4년간 공부했어요.
공부하는 시간을 잰 게 아니라 안 하는 시간을 재었어요.
안 하는 시간을 줄이려고요.
하루에 3시간까지 줄여봤어요.
그렇게 거의 4년을 했어요.
그런데 남들도 다 이렇게 공부해요.
이렇게 모두 공부하고 여기서 40프로만 합격하기에
더 열심히 해야 되는 걸 알아요.

저 정말 열심히 했어요.

저 이 정도면 최선을 다한 게 맞겠죠?

최선을 다한 뒤 울고 있는 이 사람은
변호사가 되든 안 되든 무엇을 해도
자신의 인생을 바라는 모습으로
완성해나갈 수 있는 사람이라는 생각이 들었습니다.

그리고 말했습니다.

"꼭 잘될 거예요. 꼭 잘될 테니
오늘은 고생한 '나'를 하루쯤 푹 쉬게 해주세요."

그리고 그 분은
변호사 시험에 당당히 합격했습니다.

그리고 그날 저는 생각했습니다.
내 지나온 날들을.

나는 그동안 내가 바라는 만큼 노력했는가 아니면 불평했는가

해보지도 않고 얼마나 많은 것을 포기했는가

그리고 얼마나 많은 것을 할 수 없는 것이라 단정지었는가

얼마나 주변 상황을 탓했는가 얼마나 많은 핑계를 대었는가

얼마나 적당히 하고 어렵다고 많이 말했는가

내가 할 수 없을 거라고 얼마나 많이 자책했는가

나는 하나의 목표를 가지고 나를 4년간 믿어준 적이 있는가

아니면 작은 실수에도 나에게 실망하기 바빴는가

나는 할 수 없는 사람이었는가

아니면

아무것도 시작하지 않은 사람인가

그날 저는

저에게 정말 많은 질문을 했습니다.

노력이란 방식은

항상 성공을 보장하지는 않습니다.

그러나

결국 성공할 수밖에 없는 삶의 방식이기도 합니다.

우리는 그런 사람을 이렇게 부릅니다.

누가 봐도 성공할 수밖에 없는 사람.

그리고 저도 당신도

그런 사람이 될 수 있습니다.

내 안의 불안과 싸워서
이기는 방법

불안은 불씨와 같습니다.
처음에는 아주 작아도 한번 불길이 붙으면
끝없이 커져갑니다.

살면서 불안감이 찾아올 때가 있습니다.

불확실한 미래에 대한 불안이든
지금의 행복이 떠나갈까 두려운 불안이든
아니면 이유 모를 불안이든
불안은 꽤 자주 찾아옵니다.

불안과 싸워 이기는 방법은
불안하지 않으려고 하는 게 아닙니다.

불안하면 안 된다고, 불안을 없애야 한다고 되뇌며
아무리 다른 걸 해보려 해도
잠시 집중되었다가 불안은 또다시 찾아옵니다.

불안이 찾아왔을 때 대처할 가장 좋은 방법은
두 가지가 있습니다.

첫째,
불안을 인정하고
내 불안을 다른 사람에게 털어놓는 것입니다.

불안은
지금 일어난 사건이 아니라
지금 일어난 생각에서 오는 것입니다.

다시 말하면 실제 벌어진 사실이 아니라
내 머릿속에만 만들어진 상상입니다.

그래서 혼자 상상할수록
불안은 점점 커지게 됩니다.

불안에 집중하게 되는 것입니다.

그래서 불안을 꺼내 그 불안한 마음을
누군가에게 털어놓는 것입니다.

그럼 상대는 그 불안을 공감해주고
위로해줄 것입니다.

불안을 털어놓는 것의 또 다른 장점은
대화를 나누는 동안 혼자 생각하는 걸
멈추게 된다는 것입니다.

둘째,
삶에서 불안한 순간 자체를 없애야겠다는
생각을 하지 않는 것입니다.

불안은 삶에서 결코 없앨 수 없고
자주 찾아옵니다.

불안이 올 수도 있지만
계속 머물지 않을 거고 시간이 지나면
잠잠해질 거라고 생각하는 게 더 건강합니다.

불안을 너무 무서워하지 마세요.

사실에 대해 드는 생각이 아니라
사실이 아닌 내 머릿속 상상으로 만들어낸
가짜 상황에 대한 감정일 뿐입니다.
당신은 앞으로 잘해낼 수 있습니다.

과거와 미래의 생각으로
현재를 잃고 있다면

생각이 많은 건 좋지만
내 생각이 어디에 머물러 있냐가 더 중요합니다.

많은 생각이 과거의 후회, 미래의 걱정에 머물러 있다면
지금 하고 있는 생각으로 인해
진짜 내 삶을 잃어가고 있는 것입니다.

진짜 내 삶은 오직 여기에만 존재합니다.

하지만 사람이 과거와 미래에 집착하게 되는 건
내 삶의 내가 원치 않은 일들을 만나게 되는 게
두려워서입니다.

그래서 과거를 생각하며 앞으로 어떻게 해야 될지 대비하거나
아니면 미래의 어떤 무엇이든
주제를 정해 계속 걱정합니다.

하지만 당신이 명확히 알아야 하는 건
당신이 아무리 그렇게 해도 달라지는 건 없습니다.
살면서 어쩔 수 없는, 싫어하는 일은
계속 만나게 될 거고 미래는 늘 걱정될 것입니다.
알 수 없기에.

당신이 그렇게 과거와 미래를 많이 생각해
삶이 바라는 모습으로 바뀔 수 있다면
계속 그렇게 하는 게 가장 좋겠지만

달라질 게 없다면
이만한 인생의 시간 낭비도 없습니다.
차라리 잠을 자는 게 낫습니다.

미래를 준비하고 대비하지 말라는 것이 아닙니다.
미래를 대비하기 위해서는
현재에 더 집중해야 되는데
현재 해야 될 건 소홀하면서
미래만 상상하여 걱정하는 것을 잘못되었다고 말하는 것입니다.

당신이 당신의 삶을 이백프로 즐기는 방법과
당신이 당신의 삶을 진정 잘 꾸려나가는 방법은

과거가 무엇이든
미래가 무엇이든
현재에 내가 할 수 있는 것에 집중하는 것입니다.

현재가 전부라 생각하세요.

현재 놓인 휴식에 집중하고
현재 놓인 일에 집중하고
현재 놓인 사랑에 집중하고
현재 놓인 여행에 집중하고
현재 아픈 나의 마음에 집중하고

그렇게 현재에 내 마음을 다 쓴다면
미래와 과거에 쓸 마음은
자연스레 줄어들게 될 거라 믿습니다.

시간이 지나야
알게 되는 것들

너무 많이 생각하지 마세요.
아무리 생각해도 알 수 없는 것들이 있습니다.
그건 바로
시간이 지나면 저절로 알게 되는 것들입니다.

우리는 고민합니다.

내가 지금 하고 있는 일을 그만두어야 할까
계속해야 될까

내가 지금 만나고 있는 사람을 계속 만나야 될까
그만 만나야 될까

내가 만난 지금 이 아픔이 언제쯤 괜찮아질까

얼른 알기 위해 계속 생각하지만
생각할수록 더 힘듭니다.

지금 잘 모르겠는 건 아직 더 해보고
더 만나봐야 한다는 것입니다.

지금 잘 모르겠는데 계속 알려고 생각하면 할수록
알 수 없어 힘듭니다.

꼭 내가 문제인 것 같습니다.

그게 아닙니다.

알기 위해 만나봐야 하는 시간이
아직 다 지나지 않았을 뿐입니다.

시간이 지나고 나면
마음속에서 명확한 목소리가 들릴 것입니다.
시간이 지나고 나면
저절로 알게 될 것입니다.

내가 어떻게 하면 좋을지
그때 선택해도 늦지 않습니다.

너무 조급한 마음에 잘 모르겠는 걸
계속 생각하느라 힘들어하지 말고
나에게 만나볼 시간을 더 줘보세요.

그럼

시간이 지날수록 명확해지는 것이 있을 겁니다.

그때 선택해보세요.

그리고 지금의 시간은

알 수 없는 것들이 아니라

할 수 있는 것들에 써보세요.

예를 들어

내가 헷갈리지 않는

생각하지 않아도 되는 확실히 좋아하는

사람에게 찾아가는 일

내가 헷갈리지 않는 확실히 좋아하는

어떤 종류의 커피를 먹어보는 일

내가 헷갈리지 않는 확실히 좋아하는

공부를 해보는 일

내가 헷갈리지 않는 확실히 좋아하는
길을 가보는 일

그렇게 지금 확신한 것에 집중할수록
삶의 불안한 마음은 줄어듭니다.

잘 모르겠다는 건
조금 더 만나봐야 한다는 것입니다.
조금 더 해보고 만나보세요.

시간 낭비가 아닐 겁니다.
이것이 바라는 답을 찾기 위한 가장
빠르고 정확한 방법일 겁니다.

지나간 일이 많이
후회된다면

아무 후회 없이 살아가는 사람은 없습니다.
누구나 다 지난 일을 후회하게 됩니다.

후회되는 일이 없을 수는 없거든요.

그래서 같은 잘못을 되풀이하지 말아야지
계속 생각하면서
생각으로 지치게 되고 예민해져
오히려 같은 상황이 또 올까봐 두렵거나
반복되는 생각으로 내가 이렇게 선택하는 게
맞는 걸까 하는 의심이 생겨납니다.

그러다 보면 또 생각에 빠지게 되는 거죠.

그리고 다시 과거를 생각하고
또 과거를 생각하고 다짐하지만
불확실함에 또다시 생각하게 되고.

이럴 때 정말 힘들죠.
가장 좋은 방법이 있습니다.

한 가지 사실을 기억하는 것입니다.

세상에 모든 확신이 드는 정답은
그 일이 지나가고 나서야 알 수 있습니다.

이렇게 하는 게 더 나았는지
저렇게 하는 게 더 나았는지.

충분히 생각해도 아직 잘 모르겠다는 건
지금은 아무리 많이 생각해도 알 수 없다는 것입니다.

모든 건 시간이 지나면 자연스레 알게 됩니다.

그러니 지금 내가 할 수 있는 건 없습니다.
지금의 내가 좋을 수 있게
지금은 마음이 가는 대로 하면 되는 것입니다.

그럼 현재의 행복을 많이 지켜나가게 되고
언젠간 또 후회도 하겠지만
하루종일 후회에 발목 잡혀
미래를 잃게 되는 날이 줄어들 것입니다.

후회란 지워지지 않는 볼펜 자국 같습니다.

이미 새겨진 건 지울 수 없습니다.

대신 다음 페이지에 새로운 걸 적으면 됩니다.

그럼 볼펜 자국을 지울 수는 없지만 지나갈 수 있습니다.

하지만 새로운 페이지를 적는 걸 멈추고

계속 자국만 바라보며 후회한다면

내 소중한 인생이

아무리 많은 시간이 지나도

후회밖에 남지 않게 됩니다.

사소한 일에 걱정하는
습관 고치기

사소한 일에도 걱정하는 습관이 생기는 이유는
생각에 계속 꼬리를 무는 습관 때문입니다.

생각의 꼬리를 잘라낼 수 있으면
사소한 일에 걱정하는 습관도 줄일 수 있습니다.

예를 들어 어떤 불안한 일이 떠오르면
그 일에 그치는 것이 아니라
꼬리를 물고 꼬리를 물고 꼬리를 물고 꼬리를 물어 걱정합니다.

그럼 이미 꼬리를 무는 동안 나는

현실과 너무 먼 이야기인 수많은 상상을 하고
나 혼자 소설을 쓰게 됩니다.

그러나 꼬리를 무는 습관이 생긴 건
당신이 나약한 사람이어서가 아닙니다.
스스로 해결하려 하는 성격과
독립적이고 책임감이 강하며
맡은 일을 최대한 잘해내려는 성실함 때문입니다.

생각의 꼬리를 자르는 방법은
떠오른 생각을 그냥 그대로 두는 연습을 하는 것입니다.

예를 들어 사람 관계에서 그 사람이 어떤 말을 했고
내가 그 말이 거슬려 '다음에 또 그렇게 말하면 어쩌지'라는
걱정이 들면

그 생각을 꼬리를 물어 생각하지 말고 그냥 두십시오.

또 다른 예로 내가 '미래에 취업이 안 되면 어쩌지'라는
걱정이 들면

꼬리를 물어 생각하지 말고 그냥 두십시오.

그럼 평소 하던 생각의 패턴 때문에
(그 일이 정말 큰일이어서가 아니라)
마음이 심하게 불안해질 겁니다.
다른 것에 집중하고 싶고 잊고 싶어도
집중이 잘 안 되고 생각이 계속 듭니다.

그럼 이렇게 해보세요.

'내가 지금 걱정하고 있는 일들은
그 상황이 일어나면 그때 생각해도 늦지 않아.
지금 생각하면서 해답을 찾아봐야
그때의 감정과 내 생각에 따라 또 달라질 수 있어.

지금 미리 계속 생각하면서 해결책을 찾아놓는 건
불완전한 해결책이고 언제든 바뀔 수 있어.
그때 상황이 벌어졌을 때 거기에 맞게
그때 생각하고 대처하는 것이
그때의 감정과 생각을 가장 잘 표현하는 '생각'이야.
지금 미리 상상하고 생각하는 건 효과적이지 않고
정확한 답을 내리기 어려워.
그 일이 벌어지면 그때 생각하자.
그게 가장 효과적인 방법이다.'

막상 생각해놓고도 상황이 벌어지면 별거 아니었거나
미리 생각해놓은 '생각'이 그때 닥치면 바뀌는 경우가
정말 많습니다.

그걸 미리 생각하려고 계속 생각하며 힘들어하는 건
그 걱정을 해결하는 데 효과적인 자세가 아니라

오히려 더 불확실하고 비효율적인
하지 않아도 되는 생각을 늘리는 나쁜 습관입니다.

걱정은 그 일이 당장 벌어졌을 때
생각하고 대처하는 게 가장 현명합니다.

눈앞에 일어난 일이 아니라고 하면
모두 걱정일 뿐입니다.

걱정으로 마음의 무게를 너무 무겁지 않게
오늘이란 소중한 하루를
좋은 기억으로 채워나갈 수 있었으면 좋겠습니다.

반복되는 생각들로 힘들 때
생각을 정리하는 방법

육체의 피로보다
나를 더 힘들 게 하는 건 반복된 생각입니다.
쉽게 지치게 하고 집중하고자 하는 일에
집중을 못하게 합니다.

보통 반복적으로 생각하는 사람들의 특징은
특정 상황을 실수하지 않으려고
더 잘하려고 완벽히 하려고 합니다.

트라우마가 있는 사람은 같은 상처를 피하기 위해
반복적으로 생각을 떠올리게 되고

중요한 일을 앞둔 사람은 열심히 준비하면서도
반복적으로 생각하게 됩니다.
이런 반복적인 생각이 삶의 능률을 높이는 것이 아니라
삶을 더 지치고 피폐하게 만듭니다.

저 역시 강연 준비, 책 원고, 프로젝트 준비 등으로
혼자 많은 일들을 하다 보면
자주 반복적인 생각에 빠져 힘듭니다.

그럴 때 벗어나는 방법을 알려드리겠습니다.

첫째,
반복적인 생각이 드는 걸 노트에 적습니다.
그리고 적은 생각 밑에
'이 생각은 더 이상 생각하지 않아도 되는 생각'이라고
크고 분명하게 적습니다.
그리고 생각이 들면 생각하지 않고 노트를 꺼내봅니다.

둘째,

내가 신뢰할 수 있는 사람에게 이 사실을 말하고

생각이 들면 신뢰할 수 있는 사람과의 대화 내용을 떠올립니다.

혹은 신뢰할 수 있는 사람에게 전화해 대화 내용을 기억합니다.

셋째,

특정한 사물에 명칭을 따서 그 생각에 이름을 붙입니다.

반복적으로 나를 힘들게 하는 생각 = 둥그런 컵

그 생각이 들면

'둥그런 컵은 더 생각하지 않기로 했지'라고 떠올립니다.

세 가지 방법 모두 생각을 생각으로 두지 않고

특정 상황으로 형상화하는 방법입니다.

우리는 어떤 사실을 특정 상황과

연결하여 생각하면 더 강력하게 받아들이게 됩니다.
'내가 생각하지 않아도 되는 부정적인 생각이다'라는 생각을
즉각적으로 떠올리게 할 수 있는 방법입니다.

세 가지 중 나에게 가장 맞는 방법을 선택하시면 됩니다.
물론 스스로 이 부분을 고쳐나가야 할 부분으로 인식하고
반복적인 의지와 노력이 필요합니다.

마지막으로
그동안 잘하고 싶어 많은 생각을 하느라 고생한 자신을
한 번 꼭 안아주시면 좋을 것 같습니다.
누구보다 가장 힘들어한 자신을.

생각은 내가 반복적으로 생각하지만 않는다면
모두 지나쳐가고 흘러간다는 사실을 기억하며
오늘 찾아온 반복적인 생각이 있다면
용기 있게 벗어나보시길 바랍니다.

이렇게 한 번 두 번 벗어나다 보면
단 한 번뿐인 인생에 바라는 아름다운 순간을
더 많이 그려나가실 수 있을 거라 믿습니다.

점점
예민해지는 나

예전에 나라면 그냥 넘어갈 수 있는 일도
신경질이 나고 화가 날 때가 있습니다.

상대방을 이해할 수 없다는 생각이 들다가도
상대가 나로 인해 상처받았다는 생각이 들면
요즘 내가 너무 예민해진 것 같아 힘들어질 때가 있습니다.

그건 내가 지금 너무 많은 짐을 짊어지고 있어
힘들어서 그렇습니다.

당장은 해결할 수 없는,

그리고 어떻게 해야 될지는 알지만
그 끝이 안 보이는 일들을
바쁘게 처리하며 살다 보니 그렇습니다.

꼭 뾰족한 연필심이
되어버린 것 같습니다.

작은 충격에 쉽게 부러지고
그리고 때로는
원치 않게 상대를 뾰족해서 다치게 하고

이런 일상이 반복되면
지금 내가 해야 할 일도 하기 싫어집니다.
의욕이 안 나기 때문에 억지로 하게 됩니다.

삶이 그럴 때는
내가 나에게
휴가를 한 번 줄 때입니다.

너무 버거울 정도로
많은 짐을 지고 있는 내게
아무 생각 말고
며칠이라도 쉴 수 있는 휴가를 줄 때입니다.

오랫동안 참고 참아 못 했거나
해보고 싶었던 것
하나씩 하게 해주세요.

아주 작은 것이어도 즐거울 것입니다.

삶의 휴가를 준다고
삶이 퇴보되거나 늦지 않습니다.

오히려 더 건강해진 마음으로

돌아올 수 있습니다.

그럴 때는 꼭

휴가 한 번씩 다녀오세요 꼭.

하고 싶은 일이 있는데
용기가 나질 않는다면

저는 5년 전 과자 포장 공장에서 일한 적이 있어요.

작은 공장이었고 일한 시간만큼 돈을 주는 곳이었어요.

그 공장에 인원이 100명 정도 되었는데

저와 아는 형 한 명이 그중 제일 열심히 일했어요.

그 형은 젊은 나이에 5명의 자녀가 있어서

일을 열심히 해야 한다고 했어요.

두 사람 다 돈이 필요했고

형과 저는 3개월간 매일 야근을 하기로 약속했어요.

혼자보다는 둘이 하니 더 의지가 되었어요.

그러던 어느 날 야근을 하는데
형이 저에게 와서 이렇게 말하는 거예요.

동혁아, 형 오늘은…
집에 가면 안 될까?

오늘은 집에 가서
가족들을 너무 보고 싶어.

오늘은
가족들이 너무 보고 싶네.

그래서 제가 이렇게 말했어요.

형 안돼.
정신 차려.
현실을 생각해야지 야근해서 돈 벌어야지.

집에는 내일 가도 되잖아.

집에는 내일 가도 되는 거야.

집에는 내일 가도 되는 거야.

그리고 2달이 지났고

그 형은 죽었어요.

운전하다 교통사고로.

이제는 그 형을 다시 볼 수 없지만

가끔 생각해요.

그때로 만약에 다시 돌아간다면

저는 이렇게 말하고 싶어요.

형! 오늘 집에 꼭 가.

오늘 집에 꼭 가야 돼.

마음속에 하고 싶은 그 일 오늘 꼭 해야 돼.

우리에게
내일은 없어.

우리에게
내일은 없어.

오늘이 마지막이야 집에 꼭 가.
꼭 가서 보고 싶은 사람을 만나.

우리에게 내일은 없어요.
오늘이 마지막인 것처럼 살았으면 좋겠어요.

사실 우리의 마지막은 아직 많이 남았겠지만
오늘이 마지막인 것처럼 산다면
전혀 다른 삶이 되지 않을까요.

옆에 있는 사람을 마지막인 것처럼 대하고

내 꿈을 마지막인 것처럼 대하고 다시 돌아오지 않을
내 하루를 마지막인 것처럼 대한다면

더 많은 고마움과 사랑을 표현할 것이고
보고 싶은 사람에게 특별한 날이 아니어도 찾아갈 것이고
미래에 대한 막연한 걱정보다
현실에 놓인 내 꿈에 더 집중할 것이며
내 하루를 더 귀하고 감사하게 여기며
살아갈 수 있을 거라 생각해요.

하고 싶은 말을 오늘 하세요.
보고 싶은 사람에게 오늘 찾아가세요.
어떤 일을 노력하고 싶다고 하면 오늘 하세요.
사과하고 싶다면 오늘 하세요.
보고 싶다고 말하고 싶다면 오늘 하세요.

우리 그렇게 마지막인 것처럼 살아요.

PART 5

어떻게 해야 나답게 살 수 있을까

인생에서 나만의 기준을 만드는 방법

당신의 삶을 변화시킬 수 있는 사람은
오직 당신뿐

생각해보세요.

지금 내 삶이 마음에 안 든다면

내가 지금 진짜 해야 될 건

누구를 만나 노는 것도 아니고

핸드폰 게임을 하는 것도 아니고

SNS나 남들이 하는 걸 나도 하려고 찾아볼 때도 아닙니다.

어디를 놀러 갈지 알아보는 것도 아니며

인맥관리를 한다고 다른 사람이

나에게 연락을 하나 안 하나 생각할 때도 아닙니다.

내가 살고 싶은 그림을 구체적으로 그리고

지금부터 내가 바꿀 수 있는 것부터
하나씩 바꿔나가야 합니다.

어렵다 힘들다 이런 말은 얼마든지 해도 좋지만
이 말에 자꾸 기대고 위로받으려 하면 안 됩니다.
그런다고 달라지는 건 아무것도 없습니다.

위로가 잠시의 힘을 나게 해줄 수는 있지만
내게 지금 필요한 건 구체적인 행동입니다.

행동하지 않고 위로에만 기대면
삶이 정체됩니다.

그리고 퇴보됩니다.

당신의 삶이 마음에 들지 않는다면
지금 무엇을 바꾸고 싶은가요?
그리고 그러기 위해서는
지금 무엇부터 할 수 있나요?

현실의 어떤 이유를 자꾸 대면서
안 하면 안 됩니다.

그럼 내 삶에 핑계와 이유만 남습니다.

운도 중요하지만
누군가의 도움도 중요하지만

그런 건 아주 작은 것일 뿐입니다.

없어도 됩니다.

당신이 스스로 할 수 있는 게
무엇인가가 더 중요합니다.

없다면
찾아서 해나가면서

당신의 삶을 당신의 방식으로
완성해나가야 합니다.

아무것도 안 하고 신세 한탄만 하기에는
인생이 너무 짧고 아깝습니다.

성공을 말하는 것이 아니라
삶을 대하는 방식을 말하는 것입니다.
나는 내 삶을 위해 어떻게 대하고 있는가.
진지하게 생각해봐야 합니다.

젊음을 후회 없이
보내는 방법

젊음을 후회 없이 보내는 방법에는 세 가지가 있습니다.

첫째,

바쁘게 사는 것이 다가 아닙니다.

바쁘게만 산다고 달라지는 건 없습니다.

바쁘게 사는 것 자체를 잘못되었다고 말하는 것이 아니라

내가 어디로 가야 할지를 알고

바빠야 합니다.

그럼 가고자 하는 목적지까지

속도를 낼 수 있습니다.

그냥 남들이 바쁘니깐 나도 바쁘게 살고
다급하게 조급하게 안 하면 늦은 것 같고 뒤처지기 싫어서
계속 남들만 따라하려고 하면 안 됩니다.
그건 당신 인생을 끝없이 바쁘게만
만들 것입니다.

당신은 어디로 가고 싶나요.
어느 길을 가야 할지
찾아보고 정하세요.
그 과정에서 천천히 생각해보세요.

급하게 늦었다 생각하고
빨리빨리 하려 하지 말고
내 인생에서 충분히 고민할 시간을
스스로에게 주면 좋겠습니다.

둘째,
내가 지금 하고 있는 일, 하고자 하는 일의 이유가
남들이 해서 남들이 하니까
주위에 친구나 나보다 어른이 하라고 하시니까
이런 이유는 그만 말해야 합니다.
그건 너무 멋지지 못합니다.

나는 성인이고 나의 인생의 주인이며
나를 완성해나갈 유일한 사람입니다.
나에게 선택권을 주고 찾아야 합니다.

셋째,
하고 싶은 일 행복한 일 또는 그 정도가 아니어도
해보고 싶은 일을 찾았는데
그걸 하기에 어려운 이유가 너무 많고

어쩔 수 없이 나는 상황이 안 되니
내가 싫은 걸 계속해야 된다는 생각은 하면 안 됩니다.

지금 이 생각에게 지면
나는 계속 어쩔 수 없는 것만 하며 살아가야 합니다.
어쩔 수 없는 건 어쩔 수 없는 것입니다.
그리고 어쩔 수 없는 것 중에서도
그중 어떻게든 해낼 수 있는 게 있습니다.

그걸 시도해봐야 할 시간입니다.

빠르게 성장할 것입니다.
아무것도 하지 않고 걱정과 고민만 하고 있을 때보다
자신을 믿지 못하고 생각만 하고 있을 때보다
현실이 불만족스럽다고 계속 같은 말을 하고 있을 때보다.

누구나 젊음이 있습니다.

그러나 누구는 젊음이 자랑스럽고
누구는 많은 후회로 남습니다.

후회가 없을 수는 없겠지만
돌이켜 보았을 때 아주 멋있었고 괜찮았다고
스스로 생각할 수 있는 시간을 만들 수 있기를 응원합니다.

인생에서 젊은 때란 사실 딱히 없습니다.
60대에도 자격증을 따기 위해 공부하는 사람
20대 중반에도 늦었다 생각하며 사는 사람

나이가 젊은 때를 말하지 않습니다.
인생에서 젊은 때란
자신이 아직 할 수 있다 믿을 때입니다.

세상 사람들이 뭐라고 해도
겁먹지 마세요.

씩씩하게 한 번뿐인 내 삶을
젊은 때로 채워갈 수 있길 응원합니다.

쉰다는 것에는 목표가
있어야 한다

쉰다는 것에는 목표가 있어야 합니다.

목표 없이 장기적으로 쉬게 되면 쉬는 동안 불안하고
오히려 시간이 지날수록
의미 없이 시간을 낭비하는 게 아닐까 하는 생각이 듭니다.

휴학을 하든 이직하기 이전이든 직장을 그만두든
휴식을 계획하고 있다면 생각해봐야 합니다.

휴식의 목표가 예를 들어 '체력의 회복'이다
휴식의 목표가 '마음의 쉼'이다

그렇게 목표가 정해져야
휴식의 기간을 정할 수 있습니다.

(다치지 않은) 지친 체력의 회복인데
몇 달을 쉴 필요는 없습니다.

내 상황을
내가 힘든 부분을 파악하고
거기에 맞는 휴식을 줌으로써
효율적으로 어떻게 휴식을 할지 계획을 정하면 됩니다.

막연하게 지금이 힘들어서
'나는 휴식이 필요해' 하고
장기적으로 휴식을 갖게 되면
막상 쉬는 동안에 쉬지 못하고 불안해하거나
생각이 많아지거나 이것저것 또 다른 걸 찾아보게 됩니다.

지혜로운 휴식은 좋은 것입니다.

잃어버린 힘을 찾아주어
삶을 다시 원하는 곳으로 걸어나가게 해주거든요.
그러나 막연한 휴식은 금세
당신을 불안하게 만들 것입니다.

지혜로운 휴식을 계획할 수 있기를
응원합니다.

하기 싫은 일을
하고 있어 괴롭다면

사람이 가장 스트레스 받을 때는
하기 싫은 일을 계속해야 될 때라고 합니다.

하기 싫은 일을 하고 있어 괴롭다면
그 일을 하겠다는 기한을 정해보세요.

'물론, 현실적인 이유 때문에
당장은 그만둘 수 없으니
그만둘 준비를 해서 언제까지 하겠다'

이렇게 생각하면 마음이 훨씬 가벼워지고
새로운 의욕이 생길 거라 생각합니다.

'내가 이걸 계속할 수 있을까?
힘들고 포기하고 싶다 그러나 안 할 수는 없고'
이런 생각들로 힘들다면

그래서 미래가 막막하다면

냉정히 따져보고 생각해서
내가 지금 이걸 그만둔다면
언제까지 하고 그만두는 게 좋은지 생각해보고
기한을 정해보세요.

기한을 정하면
새로운 내가 원하는 목표가 생기는 것이기에
기다려지는 날이 생기는 것이기에

지금 일이 영원하지는 않을 거란 생각에
막막했던 미래가 희망으로 바뀔 거예요.

이 일만 생각했을 때는
미래가 계속되지 않았으면 좋겠고
미래를 생각하면 싫고 두려웠지만

기한을 정함으로써 이 일을 끝내는 날
즉, 미래가 기다려지고 희망이 생길 것이며
이제는 미래를 생각하면 기분이 좋아질 거예요.

내가 책임감이 부족한 걸까
내가 도망가는 건 아닐까
그런 건 하나도 중요하지 않습니다.

내가 그렇게 함으로써

남에게 피해를 주는 것만 아니면

그건 내 삶에 잃어버린 행복을

찾을 수 있는 방식입니다.

경제적 안정이냐
20대의 경험이냐

무엇을 선택해야 될까요.

경제적 안정은 20대 후에도 할 수 있지만
20대의 경험은 오직 20대에만 할 수 있습니다.

그리고 그 경험 중에서도
내가 설레어서 할 수 있는 경험은
인생 전체를 통틀어서 몇 번 오지 않습니다.

그 경험이 지금 나를 설레게 하나요?
그럼 하십시오. 해보십시오.

그럼 그 경험이 30대를 분명 안정적으로 만드는 데
도움을 줍니다.

그 경험이 30대 인생을 내가 어떻게 설계해나가야 될지
힌트를 줍니다.

그 경험이 내 안의 내가 몰랐던 나를 만나게 해줌으로써
내가 누군지 알게 해줄 겁니다.

20대에 안정만을 좇은 사람은
자신을 잘 모르고 남들이 보기에
괜찮은 안정만을 잘 압니다.
그래서 겉으로는 안정적이어도
속으로는 사실 늘 불안합니다.

자신을 잘 모르기에 진짜 잘하고 있는 것인지 모릅니다.
나에게 맞는 게 무엇인지 잘 모르기 때문입니다.

20대에 설레는 경험을 좇은 사람은
나만의 경험을 갖게 되고
나를 누구보다 잘 알고
나에게 맞는 30대를 만들 수 있습니다.

내 인생의 만족은 결국 내가 얼마나 적게 후회하냐입니다.

20대에 설레는 경험을 묻혀두고 30대를 맞으면
안정이 되어도 후회가 남지만
20대에 설레는 경험을 하고 30대를 맞으면
조금 늦어도 후회는 없습니다.

진짜 내 인생에 나에게 맞는 안정됨을 찾고 싶다면
많이 경험해보세요.
그리고 그 속에서 내가 누군지 발견하세요.
그래야 나에게 맞는 미래를 설계해나가고
진정한 안정을 찾을 수 있습니다.

기억하세요.

모든 늦음은 노력으로 극복할 수 있습니다.

내가 늦었다고 생각하면

남들보다 조금 더 달리면 됩니다.

그것은 쉬운 것이 아니지만

당신이 마음만 먹으면 못 할 것도 아닙니다.

누구에게도 인정받지
못하는 나

"작가님, 저는 작은 직장을 다니고 있어요.

부모님은 엄하세요.

그리고 저에게 공무원 시험을 계속 보라고 하세요.

저는 사실 워킹홀리데이로 외국을 잠시 나갔다 오고 싶어요.

근데 주위에서는 왜 거기를 가냐고 해요.

시간 낭비이고 지금 여기서 정신 차리고

경찰 공무원 시험을 준비하라고 하는데

사람들 말을 들어보면 현실성이 있는 것 같은데

어떻게 해야 될지 모르겠어요.

제가 부모님 의견이나 주위 사람 의견을 따르는 게

현실적인 걸까요?"

상호 씨 제가 생각했을 때는
외국에 나가는 게 쉽지는 않아요.

그래도

꼭 외국에 나갔으면 좋겠어요.

외국에 꼭 나가서
상호 씨가 살고 싶은 인생을 살았으면 좋겠어요.

상호 씨는 외국에 나가면
되게 잘할 것 같아요.

왜냐면 상호 씨가 가고 싶어 하는 일이니까.

상호 씨는 옳아요.
스스로를 현실에 맞추지 않고

현실을 상호 씨에게 맞춰나가려는 노력이.

이 노력의 끝이 원하는 모습이 아니어도
이렇게 살아가는 방식이 결국 삶에 많은 것들을
상호 씨가 좋아하는 모습으로 바꿔나갈 수 있게 해줄 거예요.

늘 하지 않은 것에 후회,
늘 현재의 불평으로 삶을 채우다 보면
현실에 내가 무조건 계속 맞춰주다 보면
내가 좋아하는 것도
내가 좋아하는 현재도 미래도 없어요.

그리고
주변 사람들이 나를 믿지 못해 힘들다면
이렇게 해보세요.

가까운 사람, 주위 사람들은 언어로
신뢰나 믿음이 생기지 않는대요.
상대방의 행동으로 믿음이 생긴대요.

상호 씨가 언어로 그들을 설득하려 하지 말고
행동으로 보여주세요.

주변의 누가 뭐라고 해도

상호 씨가 외국에 나가 잘 살아가는 모습을 보여줌으로써
상호 씨는 스스로의 인생을 멋지게
행복하게 그려나갈 수 있는 사람이라는 걸.

그럼 그때 상호 씨를 반대했던 사람들도
상호 씨를 응원할 거예요.

"하지만 작가님 잘 할 수 없을까봐 걱정도 돼요. 두렵기도 해요."

두려워해도 돼요. 왜냐면 저 같아도 두려울 것 같아요.
지금은 두려울 때인 것 같아요.

삶에는 여러 때가 있어요.

슬퍼해야 될 때
어쩔 수 없이 두려워해야 될 때

두려워하지 않으려 하지 말고
두려움을 받아들이세요.

맞잖아요. 어떻게 안 두렵겠어요.

가보지 않는 길을 간다는 게
내가 나를 믿고 간다는 게

내가 얼마나 불완전한데.
근데 그런 거 있잖아요.

함께 있는 친구들이 여름이 다 싫다고 하더라도
나는 사실 여름을 좋아하는 사람일 수 있잖아요.

내가 이상한 사람이 아니라
잘못된 사람이 아니라
'그냥 여름을 좋아하는 사람.'

그러니 내가 좋아하는 계절을 만나러 가봐요.
그럼 봄 여름 가을 겨울
모두 내가 좋아하는 계절이 될 수도 있어요.

상호 씨는 지금 이런 것 같아요.

마음속에 스스로가 바라는 대로

살고 싶은 마음이 큰 것 같아요.
그런데 그렇게 살기 위해서는
어디서부터 시작해야 될지 몰라서 고민인 것 같아요.

지금부터 시작해요.

우선은 가봐요.
가서 생각해요.
가보면 알 거예요 상호 씨.
상호 씨가 앞으로 어떻게 살면 좋을지.

사랑하는 것에 미래를 걸어봐요.
사랑이란 내 마음이 보고 싶은 것이래요.

그렇게 말로만 나를 사랑한다 오늘도 말하지 말고
진짜로 나를 한번 사랑하며 살아봐요.

취업난이 심합니다.

그리고 그 난을 지나가야 할 생각에
몇 년 전부터 혹은 그 훨씬 전부터
취업을 준비합니다.

내가 어떤 사람이고 무엇을 좋아하고
생각해볼 겨를도 없이 공무원을 주위에서 하라고 합니다.
이유는 안정적이라 합니다.
한 달에 얼마씩 꾸준히 주기 때문입니다.

그래서 공무원 시험을 준비하거나
그게 아니면 월급을 많이 주고 남들이 보기에도
괜찮기에 내가 뭐를 좋아하고 내가 정말 하고 싶은
일이 뭔지 생각해볼 겨를도 없이 큰 회사에
가는 것이 꿈이 되어버립니다.

위에 말한 두 가지 상황에는 공통점이 있습니다.
그럼 공무원이 되어도 큰 회사에 가도
그 일이 정말 적성에 맞아서 행복하면 다행이지만
그렇지 못하다면 다시 힘들어집니다.

왜냐면 나와 맞춘 게 아니라
나를 그곳에 계속 맞춰야 하기 때문입니다.
일정 부분이 아니라 평생을
혹은 끝도 없이 거기 있는 한.

그래서 내가 점점 사라집니다.

하루하루가 그냥 버티기가 되고
머릿속으로는 퇴근 후만을 생각하거나
회사를 안 가는 주말만을 생각합니다.

그러니 7일 중 5일이 정말 괴롭고 힘듭니다.

그래도 그만둘 수 없습니다.
그만두면 당장 먹고 살 게 걱정이기 때문입니다.

당장 나가야 될 돈도 고정적이라
섣불리 다른 것을 시도할 생각은 하지 못합니다.

이렇게 되면 스트레스가 계속 쌓여
나중에는 풀어주어야 다시 하루를 버틸 수 있습니다.

그래서 누군가는 술로
누군가는 쇼핑으로

누군가는 또 다른 무엇으로 과하게 풀게 되고
마음은 더 허전하고 힘들어집니다.

그렇게 한 해 두 해가 지나갑니다.
할 만합니다. 버틸 만은 합니다.
왜냐면 사람은 익숙해지거든요.

하지만 그것이 가장 무섭습니다.
결국 이제 이곳이 아니면 아무 곳도 갈 데가 없습니다.
용기는 작아져 있습니다.

이것이 실패한 인생이라는 말이 아닙니다.
나름의 충분한 의미가 있습니다.

어려운 시간을 견뎌내고 더 세월이 지나
어느새 점점 여유가 생기기도 할 겁니다.

그리고 그 날을 바라보며
지금 젊은 날을 대가로 지불한다고 생각할 것입니다.

틀린 말이 아닙니다.
하기 싫은 힘든 순간을 오래 참으면 그 대가가
돌아오기도 합니다.

그래서 당신은 그 나중만을 바라보며 지금을
견디다시피 살아갑니다.

하지만 당신이 간과한 게 있습니다.
당신이 생각하는 그 나중에
어떻게 될지 아무도 모른다는 것입니다.

계속 이렇게 힘들 수도 있고
아니면 더 힘들어질 수도 있습니다.
이런 말은 안 좋지만 혹여 사고나 불행이 올 수도 있습니다.

아무도 오늘이란 페이지 다음 장을 알 수는 없습니다.
단지 그렇게 내가 생각하기에
그렇게 될 거라 믿고 있는 것일 뿐.
뒤돌아보면 그렇게 생각하기에 그렇게 된 것은
거의 없습니다.
마음처럼 잘 안됩니다.

그래서 당신은 어떤 일을 하든
당신이 조금 더 행복하고 즐거운 일을 해야 합니다.

그래야만 당신이
행복을 오늘이란 페이지에
채워나갈 수 있습니다.

생각을 조금만 바꿔보세요.

어디에 얼마 주는 곳에 취업하냐가 아니라
그런다고 내 인생이 달라지는 것이 아니라
앞으로 나는 어떤 좋아하는 일을 하며
살아가볼까여야 합니다.
특별한 사람들의 이야기가 아니라
그렇게 믿고 시도해본 사람들의 이야기입니다.

누가 얼마 받고 지금 나는 얼마 받고 비교하며
힘들어하지 마세요.

더 큰 꿈과 더 큰 목표를 갖고
지금이 어떤 모습이든 진짜 나를 위해 용기 내며
살아갈 수 있기를 응원합니다.

힘들 때 버틸 수 있는
이유

사람은 힘들 때
나를 믿어주는 한 사람만 있다면
그 힘든 시간을 잘 버텨나갈 수 있습니다.

주위에 힘들어하는 사람이 있다면
혹은 꿈을 말하는 친구가 있다면
할 수 있다고, 잘할 거라고 꼭 말해주세요.

너는 왠지 잘할 것 같다고.

네가 보내는 시간이 너에게
행복도 되고
웃음도 되고
경제적인 삶도 되어

네가 좋아하는 행복한 일을
계속할 수 있으면 좋겠다고

힘든 시간을 만난 친구가 있다면
너라면 잘 지나갈 거라고
너는 그런 대단한 사람이라고
그러다 힘들면 언제든 얘기하라고

그렇게 믿어주세요.

그럼 그 사람은 당신 덕분에
힘든 순간을 잘 버텨나갈 수 있을 거예요.

'원하는 나'를 위한
습관 만들기

지금으로부터 5년 뒤,
완전히 다른 나를 만드는 방법은
습관을 만드는 것입니다.

만들고 싶은 습관이 있다면
다음을 하나하나 따라해보세요.

첫째, 내가 가지고 싶은 습관을 적어보세요.

둘째, 바로 시작하세요.

내일로 미루는 순간 실행할 가능성은
20퍼센트 미만이 됩니다.

셋째, 습관 위에 습관을 더해봅니다.

책을 읽는 습관을 들이고 싶다면
아주 조금씩 자주 반복적으로 책을 접하세요.
단 몇 문장이어도 좋습니다.

몇 문장을 읽는 습관에
몇 문장을 읽는 습관이 더해져
한 장을 읽는 습관이 됩니다.

습관에 습관을 더해 점차 양을 늘려가세요.

넷째, 정말 너무 하기 싫은 날에는
하지 않아도 좋습니다.

힘든데도 불구하고 억지로 하면
괴로웠던 기억으로 강하게 남아 쉽게 지워지지 않습니다.
결국 나중에 습관으로 만드는 게 더 어려워집니다.

시간과 행동이 더해지면
습관이 됩니다.

나쁜 습관과 좋은 습관 모두
내가 만들 수 있다는 건 같습니다.

차이는 어떤 습관을 갖느냐에 따라
지금으로부터 5년 뒤에 완전히
바뀐 삶을 살 수도 있다는 것입니다.

지금 내가
너무 늦은 것 같다면

온몸에 문신한 아주머니께서 상담소에 오셨습니다.

40세까지는 주부로 살았어요.
그냥 살았어요. 집안일을 하고 그냥 주어진 일을 하고
그냥 이렇게 살면 되는 줄 알았어요.

그런데 어느 날 막둥이가 유치원에서 씨앗을 가져와
마당에 심겠다는 거예요.

그래서 제가 그러라고 했지만
속으로 생각했어요. 꽃이 안 필 텐데.

왜냐면 저희 마당이 작고 그렇게 좋지 못하거든요.

그리고 일주일이 지났나 설거지를 하는데
벌이 마당에 엄청 많이 모여 있는 거예요.

뭔가 해서 나가봤더니

꽃이… 피어 있더라고요.

그걸 보는데 눈물이 갑자기 엄청 났어요.
그리고 이런 생각이 들었어요.

아 나는 내 인생에 꽃이 피지 않을까 두려워
내가 좋아하는 씨앗조차 심지 않았구나.
그냥 메마른 땅으로 살았구나.

그 후로 저는 제가 좋아하는 씨앗이 뭔지 찾았어요.
물론 주부다 보니 돈과 시간이 없죠.
그래서 일주일에 한 번 혹은 한 달에 한 번
돈과 시간을 모아 새로운 걸 해봤어요.

돈과 시간이 없다는 사람들 다 거짓말이에요.
없는 사람은 없거든요. 적은 거지.
적은 만큼 해보면 될 텐데….

어쨌든 저는 그렇게 45세가 되던 해
미술을 찾았어요.

그림을 그리는데 행복하더라고요.
계속 생각나고.

그러다 48세에 새로운 재능을 알게 되었어요.
아 내가 본 거를 똑같이 그리는 재능이 있구나.
그리고 지금 저는 타투이스트예요. 직원도 8명이나 되고요.

저는 알았어요.
꽃이 피든 안 피든
씨앗을 심는 동안 즐거우면
그 자체로 완성된 삶이구나.

왜냐면 저는 그 8년이란 시간이
정말 행복했거든요.

아 저 마지막으로 한마디만 할게요.

가끔 보면 저보다도 어린 사람들이
자꾸 이렇게 말하더라고요.

너무 늦었어요.

저는 너무 늦었어요.

저는 그 얘기를 들으면
도대체 뭐가 늦었다는 건지 모르겠어요.

아니 도대체… 뭐가 늦었다는 건지 모르겠어요.

나보다도 어리면서.

행복에는 늦은 게 없는데

출발선에서 출발하지 않고 가만히 서 있는 내 모습만 있을 뿐.

우리 마음속에는 저마다의
용기가 있다

저에게 형이 한 명 있습니다.
형은 저보다 글을 훨씬 잘 썼습니다.
대회에서 상도 받고 국어도 항상 100점이었습니다.

그러나 형은 계속 글을 쓸 수 없었습니다.
왜냐면 형은 동생이 둘이나 있고
첫째로 태어난 것에 책임감을 느꼈나 봅니다.

좋아하는 글 쓰는 것을 멈추고
열심히 공부해 회사에 취업을 했습니다.
얼른 취업을 해 동생들에게 도움이 되고

가족들에게 도움이 되려 했었나 봅니다.

첫 월급을 타는 날
글을 쓰며 편의점에서 아르바이트 하는 저에게
형은 50만 원을 주며 계속 글을 꼭 쓰라고 말했습니다.

그리고 응원한다고 말했습니다.

두 번째 월급에서는 저에게 시계를 사주었습니다.
비싼 건 아니지만 고장 나도 저는 항상 차고 다녔습니다.

세 번째 월급에서는 지갑을 사주었습니다.
돈을 못 버는 제가 기죽지 않고 조금 더
당당하게 글을 쓰길 바랐나 봅니다.

고맙다고 말은 했습니다.

그러나 그때는 그냥 저에게 잘해주는 게 고마웠는데
지금은 가끔 쉬는 날에
혼자 글을 쓰는 형을 보면

저에게 시계를 사준 것보다
지갑을 사준 것보다
50만 원을 준 것보다

그때 좋아하는 글보다
저와 동생을, 가족을 생각한 형의 마음이
너무 미안하기도 하고 고맙습니다.

하고 싶은 일을 하는 사람은 용기가 있지만
하고 싶은 일을 누군가를 위해 포기하고
현재를 열심히 살아가는 사람의 마음속에도
용기가 있습니다.

각자의 선택이기에

무엇이 옳다 할 수 없지만

저마다의 용기를 가지고 살아가는 모든 사람들이

스스로가 멋지고 아름답고 대단한 사람이란 걸

기억할 수 있었으면 좋겠습니다.

오늘 조금 더 행복하기 위해 애쓰겠습니다

저는 서른 한 살에 상담소를 운영하고 있습니다.
많은 분들이 찾아주시고
한 달에 열 개 이상의 강연을 하며
많은 분들에게 감사의 편지와 선물을 받습니다.

저를 따르는 직원들이 있고
사람들은 저에게 행복을 묻고 고민을 얘기합니다.

저는 고졸이라는 학벌로
이 사회에서 보란 듯이 바라는 일들을
해낸 사람이기도 합니다.

그러나 저는 사실
꽤 오래전부터 행복하지 않았습니다.

왜냐면 글배우로서 상담을 잘 하고 글을 잘 쓰고 강연을 하는
글배우는 있었지만

인간 김동혁은 오랫동안 없었습니다.

아니 인간 김동혁을 뒤돌아볼 여유가 없었습니다.

어린 나이에 많은 것을 책임져야 했고
혼자 힘으로 해내지 않으면 안 되었습니다.
경제적으로 어려운 집의 생계를 책임지기도 했습니다.
배움이 짧았고 짧은 배움만큼 더 깊게 고민하고
더 많이 노력해야 했습니다.

어린 나이에 큰 무대의 강연은

경험이 짧은 제가 대단한 분들 틈에서
제 목소리를 내기 위해 무섭기도 했지만
무섭지 않은 척하며 살았습니다.

항상 혼자여야만 했습니다.

혼자 생각하고 혼자 결정하고 그래야만 되는 일이었거든요.

그래서 참 많이 외로웠습니다.

정말 많이 외로웠습니다.

여기에 적힌 대부분의 이야기는
제 경험담이기도 합니다.
저도 같은 상처와 아픔을 겪었고
조금씩 치유해나가는 과정입니다.

저는 이제 행복하고 싶습니다.

진심으로 행복하고 싶습니다.

글배우도 소중하지만 인간 김동혁은 더 소중하기에.

저는 지금 여름밤 책상에 앉아
선선하고 기분 좋은 행복한 바람을 맞으며
글을 쓰고 있습니다.

바람에게 '멈춘다'는 단어는 쓰지 않는다고 합니다.
바람은 지나가거나 사라지거나 둘 중 하나이기 때문입니다.

그래도 오늘 저는 쓰고 싶습니다.

나를 돌아보며
불어오는 이 바람이

나의 행복을 찾고 싶은 마음과
오랜 날들 내게 멈춰져 있기를.

당신도 살다가 당신 스스로가
고맙기도 하고 미안할 때
기분 좋은 바람이 불어오면 좋겠습니다.